OEUVRES

DE

C. L. MOLLEVAUT.

DE L'IMPRIMERIE DE P. DIDOT L'AINÉ.

CATULLE TIBULLE PROPERCE
C. L. MOLLEVAUT.

ÉLÉGIES

DE

C. L. MOLLEVAUT.

A PARIS,

CHEZ ARTHUS BERTRAND, LIBRAIRE,

RUE HAUTEFEUILLE, N° 23.

1816.

ÉLÉGIES.

LIVRE PREMIER.

ÉLÉGIES.

ÉLÉGIE I.

A MES CENSEURS.

Voila donc tout mon crime! Eh bien, je le confesse;
Mais, avant de céder à des remords vengeurs,
On verra s'épuiser la source du Permesse,
    Le Printemps mépriser les fleurs,
    Bacchus engendrer la tristesse,
    L'Amour se passer de nos pleurs,
Et Vénus déserter son temple de Lutèce.
    Eh! sans toi, que faire? ô Vénus!
    Où trouver ailleurs d'autres charmes?

Je fuyais les honneurs, je dédaignais Plutus,

　　J'avais horreur du bruit des armes :

Mon cœur n'était rempli que d'amour et de larmes !

Tout ne cède-t-il pas à la voix du desir ?

La fleur naïve s'ouvre au baiser du zéphyr ;

Le flot capricieux suit sa course indocile ;

L'oiseau sous la feuillée invite le plaisir ;

La chèvre est pétulante, et la brebis, tranquille :

　　Moi, toujours prêt à m'enflammer,

Toujours m'abandonnant à ma pente facile,

Hélas ! j'aime pour vivre, et je vis pour aimer.

　　Mais dis-moi donc, censeur sauvage,

Toi qui, persécutant ma chère passion,

　　Appelles, dans ton froid langage,

Ta dureté sagesse, et ton ennui raison,

Dis-moi, pourquoi flétrir les douceurs de ma vie ?

Mes feux de l'univers troublent-ils l'harmonie ?

Non : l'astre du matin brille plus enflammé

S'il éclaire les pas de l'objet que j'adore ;

L'émail de la prairie est bien plus animé

Si nous foulons tous deux les frais gazons de Flore ;

> L'air est plus pur, plus embaumé,

Dans son ardent baiser que mon délire implore ;

Et le soir où, d'amour, de desirs affamé,

Je la vis, s'embrasant du feu qui me dévore,

> Nue, ardente, et le cœur pâmé,

Jeter un cri, mourir, et puis mourir encore,

Ah ! j'en jure par toi (toi seule es tous mes Dieux !),

> Et la terre, et l'onde, et les cieux,

> Tressaillant de joie et d'ivresse,

À l'envi répétaient un hymne d'alégresse.

> Soudain, saisi du Dieu vainqueur,

> Je m'écriai : « Je suis poëte !

> O lyre ! ô fidèle interprète !

Célèbre tant d'attraits, et révèle mon cœur ! »

> Insensé ! qu'osais-tu prétendre ?

Ce sentiment si plein de joie et de douleur,

1.

Qui trouble, charme, aigrit, flatte, et tue un cœur tendre,
Un mot, un seul l'exprime, et rien ne peut le rendre.

Que ne suis-je, Azélie, assis à tes côtés,
Épris de ton sourire, ivre de tes beautés !
Mes larmes, mes regards, mes soupirs, et ma flamme,
Diraient mieux qu'Apollon les transports de mon ame.
Eh ! que me fait alors ce laurier si flatteur ?
    En vain le Pinde me réclame :
Va, l'immortalité ne vaut pas le bonheur.

Puissé-je seulement, à mon heure dernière,
Chère amante, appuyer ma tête sur ton sein ;
Dans tes yeux consternés voir une larme amère ;
Sentir mon cœur ému palpiter sous ta main,
Et, vers toi soulevant ma pénible paupière,
    Te regarder et m'attendrir,
Te regarder encor, soupirer, et mourir... !

ÉLÉGIE II.

LE TEMPS.

—

Sᴜʀ des fleurs couchés mollement,
Aimons, en dépit de l'envie ;
Tous les deux assistons gaîment
À l'heureux banquet de la vie.
Rapide comme un léger char,
Le temps s'élance, vole, arrive ;
Et plus d'amour, plus de nectar,
Quand il nous passe à l'autre rive.

Aimons-nous donc, aimons toujours.

Aimer, c'est le seul bien suprême;

Aimer, c'est embellir ses jours :

On trompe le temps quand on aime;

On perd son temps sans les amours.

———

ÉLÉGIE III.

MON SOUHAIT.

—

Puisse l'amante habile à me charmer,
En m'adorant, mériter ma tendresse !
C'est trop vouloir ! Qu'elle se laisse aimer,
Voilà, Vénus, le vœu que je t'adresse.
Accepte un cœur qui s'offre sans détour ;
Accepte un cœur, ô ma belle maîtresse !
Qui sait aimer et garder son amour.

Si je n'ai pas les honneurs de la cour,
L'or de Plutus, le sang de la noblesse,

Le Dieu des vers, les neuf Sœurs, sont à moi;

À me fêter le plus riche s'empresse;

J'ai pour trésors ma candeur, et ma foi,

Sur-tout l'amour qui m'amena vers toi.

D'autres beautés l'œil en vain me caresse;

Va, je ne suis ni jaloux, ni trompeur.

Prends tout le fil que la Parque me laisse;

Prends tous les sons de mon luth enchanteur:

Mais laisse-moi t'aimer avec ivresse;

Laisse-moi vivre et mourir sur ton cœur.

ÉLÉGIE IV.

LE BILLET.

—

Va, cher billet, trouver ma jeune amante;
Raconte-lui l'ardeur que je ressens,
Quel vif desir ma flamme impatiente
A de brûler en ses bras caressants.
Va, cher billet, trouver ma jeune amante;
Lis mon destin dans son regard charmant.
Oh! puisse-t-elle, en te voyant, sourire!
Puisse son cœur battre plus vivement!

Puisse sa main se hâter de m'écrire !

Heureux cent fois, heureux, si tu m'obtiens,

Doux messager ! ce mot, ce seul mot : *Viens !*

———

ÉLÉGIE V.

LA LECTURE.

—

Sur un char mollement bercé par les zéphyrs,
        Balançant son sceptre de roses,
Le Printemps, escorté des plus jeunes Plaisirs,
Dans sa marche embaumait le sein des fleurs mi-closes,
Et remplissait les cœurs d'amour et de desirs.
        « Viens, m'écrit la belle Azélie,
« Viens, ce soir, respirer le parfum de nos champs.
« L'Amour jette les fleurs sur la terre embellie :
« Viens essayer sur lui le pouvoir de tes chants. »

2

O quel prix un amant poëte

Attache au premier rendez-vous,

Où son luth prend le soin si doux

D'être son fidèle interprète !

De joie et d'espoir palpitant,

Accusant du soleil la marche trop tardive,

Mon cœur dévore chaque instant,

Et, suivant sur l'émail l'aiguille fugitive,

Je dis : « Peut-être elle m'attend. »

L'heure sonne, je pars, et je vole, et j'arrive.

Quel spectacle enchanteur frappe mes yeux surpris !

Dans un salon où l'ordre au goût simple s'allie,

Un demi-jour douteux voile sous les lambris

L'image de l'Amour, du Dieu père des Ris,

Et les légers grelots qu'agite la Folie.

Sur ce siége alongé que façonna Cypris,

Moins de ses frais atours que de grace embellie,

Se penche mollement la charmante Azélie,

Et d'un feu vif et doux ses beaux yeux sont remplis.

Et l'ineffable attrait de la mélancolie

Rend plus aimable encor son aimable souris.

Un regard caressant, gage de sa tendresse,

    Marque ma place à ses côtés ;

Moi, muet, immobile, admirant ma maîtresse,

Les yeux mourant d'amour, noyés de voluptés,

    Je parcourais tant de beautés,

Et ma lyre oubliait tous les chants du Permesse.

Un mot flatteur m'invite à remplir ma promesse.

Comment peindre, grands dieux ! tout ce qui m'a charmé ?

    Azélie, en vain je t'adore :

Ce que je sens, hélas ! peut-il être exprimé ?

Mais l'Amour qui pour toi bientôt m'a ranimé,

Passionnant ma lyre et ma voix plus sonore,

Je chante ses ardeurs, dont tout est consumé,

    Le trait brûlant qui me dévore,

L'espérance, et l'effroi de mon cœur alarmé,

    Le charme qui vers toi l'entraîna vierge encore,

Et le suprême bien d'aimer et d'être aimé.

O pouvoir! ô ma lyre! oui, le ciel t'a formé!

Le beau sein d'Azélie, à ce tendre langage,

S'enfle, comme le flot s'enfle près de l'orage;

Sur son front se répand une vive rougeur,

Ses yeux se sont voilés d'une humide langueur,

Et sur sa bouche errait je ne sais quel hommage.

    Grands dieux! quel trouble! mon ouvrage

    Tombe, tous mes sens sont vaincus;

    Je ne vois plus, je n'entends plus,

Et je suis à tes pieds : « Favori du Parnasse,

« Reçois le prix des chants que t'inspire Vénus :

« Viens sur mon sein chercher une plus douce place. »

Tu l'as dit dans l'ivresse, ah! je suis dans tes bras!

    J'enlace, j'étreins tes appas,

Et, tous deux abymés sous l'ardeur de nos flammes,

Dans des baisers sans fin nous confondons nos ames.

ÉLÉGIE VI.

LE CHARME DU BAISER.

L'ABEILLE emplit ses rayons d'or
Du tribut odorant de la plaine fleurie ;
    Mais la douceur de son trésor
Ne vaut point la douceur du baiser d'Azélie.

    La rose sous un ciel d'azur
S'élève de pudeur et de grace embellie ;
    Eh bien ! son parfum le plus pur
Ne vaut point le parfum du baiser d'Azélie.

2.

Taisez-vous, indiscrets ruisseaux,
Qui, joyeux, folâtrez à travers la prairie;
Le bruit enchanteur de vos eaux
Ne vaut pas le doux bruit du baiser d'Azélie.

Laissons au banquet éternel
La cour de Jupiter s'enivrer d'ambrosie;
Des Dieux le nectar immortel
Ne vaut point le nectar d'un baiser d'Azélie.

———

ÉLÉGIE VII.

LE POUVOIR DU BAISER.

—

Sur ton beau sein mon front tombait languissamment;

   D'une voluptueuse étreinte

Mes bras n'enlaçaient plus ton corsage charmant,

   Et ma voix fatiguée, éteinte,

À peine murmurait mon doux enchantement;

   J'allais mourir!.. Mais Azélie,

   D'un attrait plus piquant encor

   Par le plaisir même embellie,

De sa gorge d'ivoire entr'ouvre le trésor,

Passe autour de mon cou ses bras d'un pur albâtre,

Et d'un souris tendre et malin

Rappelant la gaîté folâtre,

Me donne un long baiser qui coule dans mon sein.

O prodige d'amour! ô pénétrante flamme!

Une force nouvelle accroît tous mes desirs,

Et dans les ardeurs de mon ame,

Je ne puis étancher la soif de mes plaisirs.

Va, donne des baisers à celui qui t'adore

Autant qu'à tes côtés d'amours peuvent éclore,

Que de graces suivent tes pas,

Que mon jaloux rival t'implore,

Que Vénus livre de combats;

Donne, et ma bouche en feu, mourant sur tes appas,

Dira : Chère ame! encore! encore!

ÉLÉGIE VIII.

A MA VILLE NATALE.

—

Prenons l'essor de l'aigle agile,

J'échapperai, disais-je, aux flèches de l'Amour,

Et j'abattrai mon vol tranquille

Sur ces bords enchanteurs où je reçus le jour.

Ainsi, le cœur las de tristesse,

Par le trait de la haine atteint, persécuté,

Sans trahir ma noble fierté,

J'ai dit de longs adieux aux remparts de Lutèce.

Je vous revois enfin, mes pénates sacrés !

Fille de Stanislas, tout mon cœur bat de joie!

Ta noble architecture à mes yeux se déploie!

Voilà tes chers coteaux du ciel idolâtrés,

    Où l'inépuisable nature

Des trésors de son sein t'enrichit sans mesure.

J'entends vers moi monter le chant de tes pasteurs;

Là, le thyrse a son culte, et le soc, ses honneurs;

Là, le troupeau bélant blanchit la longue plaine;

Plus loin la Meurthe en paix mollement se promène,

Et les Vosges, fuyant au bout de l'horizon,

D'une bleuâtre écharpe embrassent le vallon.

    Patrie! oh! combien, à ta vue,

    De pensers chers et douloureux

    Se pressent dans mon ame émue!

Vous que la pitié sainte unit aux malheureux,

Accordez une larme à mon sort rigoureux.

Je fus jeté mourant sur le seuil de la vie,

    Et je n'ai pas, à mon matin,

Bu le lait de ma mère et joué sur son sein.

Des maux de l'état poursuivie,

Mon enfance exilée, en un règne d'effroi,

Réclamait un bon père exilé comme moi.

Mon frère a succombé sous le fer des batailles,

Et moi, j'ignore en quels climats;

Moi, je ne sus jamais, hélas!

Où baigner de mes pleurs ses tristes funérailles.

Ma sœur! ô coup toujours nouveau!

Alors qu'au sein de ma patrie,

Auprès de sa fille au berceau,

Je crus trouver ma sœur chérie,

Je n'ai trouvé que son tombeau!...

Dès-lors pour moi plus d'alégresse:

Seul, je vis avec mes ennuis;

Seul, muet, je confie au silence des nuits

Le silence de ma tristesse.

En vain de la raison j'invoque le secours;

Un instant j'essayai d'y trouver quelque charme;

Triste refuge! vain recours!

Eh! la froide raison sèche-t-elle une larme?

Tu n'as donc pu toi-même engourdir mes douleurs,

Toi, qui seule réponds à mon cœur qui soupire,

Toi, mon cher trésor, toi, ma lyre?

Tu m'as vendu si cher tes perfides faveurs!

Mon ingrate cité déshérita ma Muse :

Fidèle à ses jaloux penchants,

M'ôtant le seul plaisir dont ma douleur s'abuse,

Elle attaqua mon cœur et condamna mes chants.

Oh! déplorable Envie, eh bien! poursuis! accuse!

Je ne repousse point ton trait injurieux :

C'est être criminel que d'être malheureux!

Mais me suis-je trompé? ne suis-je point poëte?

Sont-ils fils de l'orgueil mes airs les plus touchants?

Non, non : j'ai ressenti l'influence secrète!

C'est moi qui, le premier, à la fleur de mes jours,

Du Parnasse explorant les plus secrets détours,

Au banquet parfumé de ma Muse chérie

Fis asseoir l'amant de Délie,

Et l'aimable Catulle, et le dieu de Cynthie :

Noms fameux qui vivront autant que les amours.

Si j'osai quelquefois m'élancer de mes ailes,

Chanter les lis rendus à leurs nobles honneurs,

Et les vertus d'un roi plus grand que ses malheurs,

Les Vierges du Piérus me restèrent fidèles.

    Reine de la lyre et des cœurs,

Si Vénus dans mon sein plongea des traits vainqueurs,

    Oh! comme, allumés à sa flamme,

Les vers à flots brûlants s'élançaient de mon ame!

    Pâlissez, lâches détracteurs!

Le trépas m'ouvrira le temple de Mémoire :

C'est du sein des tombeaux que s'élève la gloire.

Oh! quand la froide mort viendra fermer mes yeux,

N'allez point m'élever un pompeux mausolée.

Sous l'arbre ami des morts, sous le cyprès pieux,

Cachez mon humble tombe au fond de la vallée;

L'Amour le gardera d'un soin religieux.

Aux brises embaumant l'aurore dans les cieux,

De l'Élégie en pleurs la lyre désolée,

Là, rendra des soupirs touchants, harmonieux,

Comme une odeur suave au matin exhalée.

> Quelquefois, errante en ces lieux,

Le soir, la jeune fille, au détour d'une allée,

> Montrant au jeune homme amoureux

Mon nom presque effacé sur la pierre isolée,

Au tendre souvenir de mes chants douloureux,

Dira : « Craignons d'aimer, il fut trop malheureux ! »

ÉLÉGIES.

LIVRE SECOND.

ÉLÉGIES.

~~~~~~

ÉLÉGIE I.

LE PRINTEMPS.

—

Je disais : Le printemps bientôt va revenir ;
Il me rendra peut-être une santé nouvelle,
Peut-être il bannira ma peine si cruelle,
Peut-être même il va, fier de nous réunir,
    Me ramener mon infidèle.
    Il est venu le doux printemps :
De nos ruisseaux captifs il a brisé les chaînes,
Il jette au front des bois ses voiles éclatants,
Déploie un vert tapis sur le sein de nos plaines,
~~~~~~

Donne à tous les mortels quelques heureux instants,

    Et me laisse toutes mes peines.

Si, du moins, respectant ma mortelle langueur

    Et ce long tribut de souffrance,

    Dans une oisive indifférence

    Il laissait s'éteindre mon cœur!

    Mais l'Amour, l'Amour le consume;

Aux flammes du printemps ma flamme se rallume :

J'appelle, dans les pleurs, l'objet de tant de vœux,

Et, malgré que Vénus m'ait nourri d'amertume,

    Je veux être encor malheureux.

Malheureux! qu'ai-je dit? malgré tant de caprices,

    Cruelle, accorde à ton amant

    Un jour, une heure, un seul moment;

Et j'oublie à tes pieds toutes tes injustices,

    Et j'idolâtre mon tourment,

Et mes plus cruels maux se changent en délices.

Tu chéris, je le sais, le spectacle des champs;

Là, tu fuis, quand les fleurs à peine sont écloses;

Eh bien! qu'à tes côtés j'admire le printemps,

    Qui passe couronné de roses.

Vois sa main embellir nos champêtres séjours;

    Vois cette naïade tranquille

Unissant les longs plis de sa robe immobile,

    Tromper l'œil qui cherche son cours.

    Vois la fleur à peine échappée,

    La fleur qui vivra plus que moi!

De ses langes de pourpre encore enveloppée,

    Sourire, moins belle que toi.

    Entends-tu dans ce vert bocage

    Ces oiseaux chanter nuit et jour?

Ah! toute leur musique est un hymne d'Amour!...

L'Amour en voûte épaisse arrondit ce feuillage,

Au fond de ces berceaux il entraîne nos pas;

    Suivons-le : que ce tendre ombrage

    Soit complice de nos ébats....

Azélie, est-ce toi que je tiens dans mes bras?

Est-ce là ton sourire et ta voix si touchante?

Dieux! tout mon corps frémit sous ta main caressante,

Ma lèvre aspire ton baiser,

Mon ame se confond à ton ame brûlante,

Et ma soif du bonheur ne saurait s'épuiser!....

Où suis-je? qu'ai-je dit? Je n'ai plus d'Azélie!....

Un songe égarait tous mes sens;

Hélas! l'infidèle m'oublie,

Et je cherche en vain le printemps :

La terre est sans parfums; le bosquet, sans verdure;

Les oiseaux n'ont plus de concerts,

Le ruisseau n'a plus de murmure,

Tout est glacé par les hivers,

Un voile de douleur attriste la nature,

Et je suis seul dans l'univers.

ÉLÉGIE II.

A UNE JEUNE FILLE.

—

J'AI vu tes yeux charmants se ternir dans les pleurs,
Mon cœur a retenu ta plainte douloureuse ;
Tu répétais, en proie à en de tristes langueurs :
    « Je pleure, et ne suis plus heureuse.

Quand ma mère inquiète interroge mon cœur,
Y verse doucement sa plainte affectueuse,
Je ne sais que répondre, et, cachant ma rougeur,
    Je pleure, et ne suis plus heureuse.

Si j'entends soupirer l'oiseau dans le bosquet,

Ne sais encor pourquoi, plus tendre, plus rêveuse,

Et le cœur égaré dans un desir secret,

    Je pleure, et ne suis plus heureuse. »

Colombe gémissante, apaise tes douleurs;

Va, crois-moi, ta blessure est bien peu dangereuse;

Un tendre cœur, quinze ans, font, seuls, couler tes pleu

    Aime, tu deviendras heureuse.

ÉLÉGIE III.

LA NUIT.

—

Voici l'heure où la nuit déploie enfin ses voiles ;

Tout cède à l'attrait du repos :

Le nautonier s'endort sur la foi des étoiles ;

Le berger se repose au milieu des troupeaux,

Et le chasseur, près de ses toiles ;

L'avare, fatigué de compter son argent,

Interrompt sa veille assidue,

Et ferme son œil diligent,

La main sur son or étendue.

Dernier ami des malheureux,

O sommeil ! tu te plais à tromper leurs alarmes ;

    Tu te reposes sur les yeux

Que la pâle douleur a trempés de ses larmes.

C'est moi seul que tu fuis, moi, tout près de mourir !

Toujours je veille, hélas ! et toujours pour souffrir !

Jamais le doux sommeil n'incline ma paupière,

Et tout dort à présent dans la nature entière.

Que dis-je ? un monde entier veille... et c'est pour l'amour.

    Plus impatient de sa flamme,

    Las d'implorer la fin du jour,

Le jeune homme s'élance où l'emporte son ame ;

Et la foudre, les vents, la flamme, les frimas,

Et la chute du ciel ne l'arrêterait pas.

Comme il est attendu ! quelles tendres alarmes !

Plus charmante cent fois du trouble de ses charmes,

Recueillie en son cœur pour tromper son ennui,

    Sa jeune maîtresse craintive,

Le cœur gonflé, l'œil fixe, et l'oreille attentive,

Écoute, écoute encore, et dit enfin : « C'est lui ! »

O qui peut peindre leur ivresse?

O comme tout son cœur contre son cœur se presse!

Dieux! quels brûlants baisers pris, donnés, et rendus.

    Quel rapide élan de tendresse!

Quels longs frémissements de leurs sens éperdus!...

Où t'emporte, insensé! ta lyre trop hardie?

   -Efface ces vives couleurs :

Pourquoi donc déchaîner l'aquilon sur les fleurs,

Jeter à pleines mains le feu sur l'incendie?...

Azélie! Azélie! ô regrets superflus!

Moi, je t'attends aussi; mais, toi, tu ne viens plus,

Et mes yeux, au matin, dans les pleurs s'obscurcissent.

Le long du jour, hélas! je pleure mes malheurs;

Alors que du soleil les derniers feux pâlissent,

    Je dis, abymé de douleurs :

    « Demain je verserai des pleurs. »

ÉLÉGIE IV.

LA RECHUTE.

—

Lassé de tant d'ingratitude,
J'avais brisé des nœuds d'airain ;
Triste, affligé, mais libre enfin,
Je vivais dans la solitude,
Usant, s'il se peut, mon chagrin
Parmi les loisirs de l'étude.
Au fond des bois, soir et matin,
À pas tardifs, sans nul dessein,
Le front négligemment incliné sur mon sein,
J'égarais au hasard ma vague inquiétude ;

Et l'Élégie en pleurs, me prenant par la main,

Me laissait, se pliant à ma chère habitude,

Moissonner quelques fleurs sur les bords du chemin

Où n'avaient point passé les Parny, les Bertin.

Un soir, ô cruelle pensée!

L'ingrate me fait parvenir

Cette ligne, à moitié par ses pleurs effacée :

« Viens une fois encore, et je saurai mourir!... »

Non, non, je n'irai point, barbare !

Non ! je sais ton lâche projet :

Quand de toi mon cœur se sépare,

L'orgueil, et non l'amour, allume ton regret.

Tu prétends de nouveau mettre à tes pieds ma flamme,

De nouveau la nourrir de refus irritants,

Et, par tes mépris insultants,

Replonger sans pitié le poignard dans mon ame :

On sait tout ce que peut la fureur d'une femme !...

Si cependant Vénus la ramenait vers moi,

Si son fils désarmé me ramenait près d'elle,

Si ce n'est pas un piége où tombe encor ma foi,

Si plus d'amour enfin la rendait plus fidèle...

Viens une fois encore, et je saurai mourir !...

Amour ! ce n'est point là ton perfide langage.

Elle souffre, et peut-être... ô quelle affreuse image !

    Peut-être la faux du trépas

    Déja moissonne tant d'appas. »

    Que devient, hélas ! mon courage ?

Soupirs, larmes, aveux, mystères, doux combats,

Je me rappelle tout, excepté son outrage ;

    Et, vers le Ciel tendant les bras,

Je sens de larges pleurs rouler sur mon visage ;

Et, tout en murmurant, « Non, non, je n'irai pas »,

    Je cours, et j'arrive à grands pas.

O prestige du cœur ! ô pouvoir d'une amante !

O lyre ! feras-tu ces coupables aveux ?

Sur le mol édredon d'un lit voluptueux

Azélie inclinait une tête charmante,

Que la pâleur rendait encore plus touchante ;

Autour d'un cou d'ivoire erraient ses blonds cheveux ;

Des soupirs soulevaient sa gorge éblouissante,

Et des pleurs gonflaient ses beaux yeux.

Ciel! comment l'accuser? Je n'en suis plus capable :

Le reproche honteux sur ma bouche expirait;

Mes regards, ma pensée, hélas! tout s'égarait;

Elle était criminelle, et je semblais coupable.

Qu'avez-vous? dis-je enfin. — Vous devez le savoir :

Je pleurais, dans l'effroi de ne plus vous revoir. —

Et ses deux mains cachaient ses pleurs et son visage.

Insensé! devais-je l'oser?

Sur sa brûlante main je place un seul baiser.

Un seul!... Voilà, crédule! où ses desirs m'attendent.

Cette main, à ma main unie étroitement,

Sur son cœur, par degrés, m'attire doucement;

Ses bras voluptueux, dont les contours s'étendent,

Enlacent à mon cou leur chaîne mollement;

Et sa lèvre, au parfum charmant,

Pressant mes lèvres qui l'attendent,

Dans un suave embrassement

A rallumé ma flamme, et trompé mon serment,

4

Depuis, idolâtrant ses charmes,

Craignant une rupture et de plus durs regrets,

Je verse, à mon tour, bien des larmes;

Mais mon cœur les lui cache, et ne se plaint jamais.

ÉLÉGIE V.

JE T'AIME.

—

Je veux en vain chanter la gloire des vainqueurs,
Mon tendre luth s'oppose à mon audace extrême,
Et, de sa voix timide implorant tes faveurs,
  Sans cesse soupire, Je t'aime.

Je t'aime, c'est ma vie; oui, c'est tout mon destin :
Je t'aime, c'est pour moi l'éclat du diadême.
Je t'aime est le doux nom qui me charme au matin,
  Le soir, je dis toujours, Je t'aime.

La nuit même, à l'instant que je suis loin de toi,

Sur ma lèvre amoureuse erre le mot, Je t'aime ;

Et l'écho qui s'éveille, un peu plus bas que moi,

Murmure doucement, Je t'aime.

Quand je mourrai, vaincu d'amour et de douleur,

Tournant sur toi mes yeux à mon heure suprême,

Mes regards expirants, et ma voix, et mon cœur,

Rediront encore, Je t'aime.

ÉLÉGIES.

LIVRE TROISIÈME.

ÉLÉGIES.

~~~~~~~~~~~~~~~~~~~~~~~~~~~~~~~~~~~~~

ÉLÉGIE I.

SUR LA MORT DE MA SŒUR.

——

Toi, mon refuge en mes malheurs,
Si ta fidèle voix a pour moi tant de charmes,
   Lyre, partage mes douleurs,
Et, plaintive, ouvre encor la source de.mes larmes.
   Ma sœur, hélas! ma sœur n'est plus!
   Modèle des chastes vertus,
Ma sœur, ange d'amour et de pure innocence,
Dont les soins si touchants, aux portes du tombeau,
De mes jours presque éteints rallumaient le flambeau,
~~~~~~~~~~~~~~~~~~~~~~~~~~~~~~~~~~~~~

Et versaient dans mon cœur la crédule espérance,

    Ma sœur, hélas! ma sœur n'est plus!

La Parque a moissonné cette rose brillante :

    Au moins, la fleur chère à Vénus

Sourit, plus d'un matin, sur sa tige odorante,

Le ruisseau dans la plaine achève en paix son cours,

Philomèle nourrit le fruit de ses amours;

    Toi, tu n'as point nourri ta fille infortunée :

Ta fille, dernier fruit d'un trop court hyménée,

N'aura jamais connu ton sourire si doux,

Appelé tes baisers de sa bouche innocente,

    Et folâtré sur tes genoux.

Si j'avais pu, du moins, à ton heure dernière,

Serrer, couvrir de pleurs ta défaillante main;

Si ton regard mourant eût tombé sur ton frère;

Si j'eusse recueilli ton ame dans mon sein!

    Mais sur le rivage barbare

    Où m'enchaine un fatal destin,

    Où cette renommée avare

Nourrit de tant de pleurs un laurier incertain,

Ton trépas imprévu, comme un trait du tonnerre,

Frappa mon cœur : soudain je tombai sur la terre ;

    Je n'osais ni rester, ni fuir ;

Seul, j'ai rempli de cris ma vaste solitude,

Seul, j'ai poussé sans cesse un déchirant soupir,

    Et, dans mon mortel déplaisir,

Rompu de mes travaux l'inflexible habitude.

Le monde, les déserts, le repos, et l'étude,

    Alors je n'ai pu rien souffrir ;

Je ne savais, hélas ! que pleurer, que gémir :

Je demandais au Ciel le bienfait de mourir !

Mais, mon père, ton fils se doit à ta vieillesse,

Tu m'appelles : soudain mon amour filial

    Vole s'unir à ta tristesse,

Et pleurer avec toi près du foyer natal.

    Triste retour ! affreux voyage !

Oh ! comme la douleur flétrit tous les objets !

Nancy, qu'est devenu ton charmant paysage ?

Tes bois au front riant sont changés en cyprès ;

Ce fleuve paternel, ces pompeux édifices,

Le pampre des coteaux, le parfum des bosquets,

Où l'Amour m'enivra de ses chères prémices,

Où le Pinde sourit à mon premier concert,

    Tout a laissé mon cœur désert ;

Tout s'offrait à mes yeux sous de cruels auspices :

    Malheureux ! sur ce triste bord

Tout s'est voilé pour moi du crêpe de la mort.

J'entre, silencieux, sous le toit de mon père :

    O spectacle plus déchirant !

    Le front pâle, accourt un enfant ;

Il m'embrasse, et me dit : Ah ! je n'ai plus de mère !

Sa sœur, presque au berceau, se traînant sur ses pas,

    Jette à mon cou ses faibles bras,

    Sur moi verse une larme amère,

Me regarde, et bégaye : Ah ! je n'ai plus de mère !

Elle vit, chers enfants, son ame est près de nous ;

La mort donne aux vertus une vie immortelle ;

De la Vierge sacrée embrassant les genoux,

Votre mère l'implore ; et son amour fidèle

Du haut des cieux veille sur vous.

ÉLÉGIE II.

LA DOULEUR.

PALE fille de l'Infortune,

Toi, qui me défendis de sourire au berceau,

Toi, qui si lentement me conduis au tombeau,

Éloigne un peu de moi ta coupe d'amertume,

O Douleur! C'est assez t'enrichir de mes pleurs,

C'est assez du tribut levé sur mes malheurs.

Ai-je un instant cessé de te rester fidèle?

Depuis que je vis avec toi,

Quel plaisir a distrait ma passion cruelle?

Ah! la nature entière est morte devant moi.

Son réveil enchanteur, sa grace si touchante,

Sa parure, et son deuil, n'ont plus rien qui m'enchante.

Je crains également ma veille et mon repos;

Je crains l'étude consolante.

La nuit, m'enveloppant de l'effroi des tombeaux,

Me semble receler le secret de mes maux;

Et, si l'astre au front d'or se lève plein de flamme,

Je me dis qu'il insulte aux tourments de mon ame.

En vain pour te fuir, ô Douleur!

Cette ame au sein des arts s'élance:

Le nectar d'Apollon s'aigrit dans la souffrance.

La musique est sans voix; le pinceau, sans couleur;

La lyre d'or, sans harmonie;

Tous les beaux arts sont sans génie,

Quand l'amour a brisé le cœur.

Fuyons au fond des bois, sous l'antre le plus sombre;

Malheureux! la Douleur m'appelle et me poursuit.

Fuyons encor, fuyons dans la profonde nuit;

Grands Dieux! quelle est cette pâle ombre?

5.

Tous ses traits sont flétris, ses cheveux sont épars,
    Son front tombe sur sa poitrine,
Et vers elle la Mort à pas lents s'achemine :
C'est la Douleur !... En vain je cherche à l'éviter :
« Prends, me dit-elle, prends cette lyre chagrine ;
C'est peu que de souffrir, tu sauras me chanter. »
    Ému jusqu'au fond des entrailles,
Je pâlis, sur mon luth je sens trembler mes doigts,
Et, des torrents de pleurs se mêlant à ma voix,
Je célèbre, vivant, mes propres funérailles.

Est-ce assez, ô Douleur ! veux-tu d'autres succès ?
    Frappe, c'est moi, moi qui t'implore,
    Et je me jette sur les traits
    Dont tu veux me percer encore.
    Je fais plus, je veux te chérir,
    Je veux encenser ton image,
    Je veux parler ton seul langage ;
    Et, quand par toi je vais mourir,
Oui, je veux y trouver quelque secret plaisir.

Mais, au nom de ma peine extrême,

Par les larmes de la pitié,

Accorde une grace suprême

À ce cœur tant humilié :

Ma mère est bien souffrante, épargne au moins ma mère ;

Fuis la couche de mon vieux père ;

Daigne respecter le saint lieu

Où, nuit et jour, mon tendre frère

Élève pour moi vers son Dieu

Ses vœux, son cœur, et sa prière.

Au plus noble des protecteurs,

Ministre vertueux du meilleur des monarques,

Épargne tes âcres rigueurs,

Et ne le livre pas au noir ciseau des Parques.

Quant à l'ingrate, hélas ! qui m'a tant fait souffrir,

Elle, dont l'odieux parjure

Me force à pleurer et mourir,

Ne lui donne jamais les peines que j'endure ;

Donne-lui tous les jours que tu veux me ravir.

ÉLÉGIE III.

LE SAULE.

—

O TOI, dont le sommet antique
Tristement se balance au bord bruyant des eaux,
Arbre pâle et mélancolique,
Pourquoi ce long murmure attristant tes rameaux?
L'habitant ailé du bocage
T'offre ses amoureux accents;
Les tribus d'insectes brillants
T'apportent leur fidèle hommage;
Zéphyr caresse ton feuillage;
Et tes rameaux, voilant le jour,

Ont vu sous leur discret ombrage

S'imprimer les pas de l'Amour.

Je le sais, retenu sur l'humide rivage,

Tu ne pourras jamais, dans un climat lointain,

Contempler d'autres cieux, un nouveau paysage :

Tu restes enchaîné; c'est la loi du destin.

Mais, hélas! à quoi sert le plus riant voyage?

Nulle part l'air n'est pur,

La nature animée,

Le ciel brillant d'azur,

Et Flore parfumée,

Comme en ce lieu paisible, et tous les jours plus beau,

Où la bonté des Dieux plaça notre berceau.

Ah! malheur à l'ingrat qui dédaigne ses charmes!

Errant au fond d'âpres climats,

Où le poursuivent tant d'alarmes,

Alors à la patrie en vain il tend les bras;

En vain vers elle il tourne un œil rempli de larmes :

« Heureux, dit-il, trois fois heureux,

Le paisible habitant du toit de ses aïeux,

Qui, sur la rive paternelle,

Plein de doux souvenirs, plein de jours vertueux,

Dépose doucement sa dépouille mortelle ! »

Crois-moi, resserre le lien

Qui t'enlace au sein de la terre ;

Toujours cette féconde mère

Sera ton plus ferme soutien ;

Et, lorsque l'autan, dans sa rage,

Foulera les fleurs du bocage,

Toi, par tes longs rameaux dans ses flancs répandus,

Tu braveras et la furie

Et tous les efforts confondus

Des fougueux enfants d'Orithie.

Nos passions aussi nous livrent des assauts ;

C'est l'orage qui gronde et fond sur notre tête :

Mais, nous, faibles roseaux,

Nous sommes si souvent brisés par la tempête !

Oui, c'est près de toi seul que le bonheur s'arrête :

Même alors que le bras de l'inflexible Temps

Ébranle ton vieux tronc courbé par les autans,

    Toujours sensibles à tes peines,

    Les Zéphyrs, tes amis constants,

Viennent te consoler; et leurs douces haleines,

Le feu de leurs baisers, raniment dans tes veines

La sève paresseuse, échauffent tes vieux ans,

        Et te parent encore

        De ces dons éclatants

        Dont s'enorgueillit Flore

        Aux jours de ton printemps.

Mais, vous, dans l'âge triste où la froide vieillesse

Sillonne nos attraits, et chasse la jeunesse,

    Enfants ailés, cruels Amours,

Vous, le tourment, hélas! le bonheur de la vie,

    Vous fuyez; et c'est pour toujours!

    Les longs ennuis, la pâle maladie,

Le vague souvenir de plaisirs imposteurs,

Voilà tout ce qui reste à notre ame flétrie!

Cesse de murmurer, de nous porter envie :

Tu n'éprouveras point ces affreuses douleurs.

Jamais la sombre jalousie,

La foule des amis trompeurs,

L'infatigable calomnie,

L'amour si plein de perfidie,

Ne t'auront, comme à moi, fait répandre des pleurs ;

Et la main du Printemps, au terme de ta vie,

Sur ton front vert encor sèmera quelques fleurs.

ÉLÉGIE IV.

LA PAIX.

A S. A. R. MADAME LA DUCHESSE D'ANGOULÊME,
A SA PREMIÈRE ENTRÉE A PARIS.

—

Séchez enfin les pleurs que vos yeux ont versés,

Noble fille des rois! Vous revoyez la France;

Et, sur vos pas, la Paix, ramenant l'Espérance,

En vous montrant, nous dit : « Tous vos maux sont passés. »

Quel chemin vous ouvrit cette gloire paisible?

　　Par quels prodiges inouis

　　Une main puissante, invisible,

6

A-t-elle relevé la splendeur des Louis?

C'est celui qui, placé sur le trône du monde,

Tient, seul, du haut des cieux, les rênes des états,

    Et dont la sagesse profonde

Foule aux pieds les projets des plus hauts potentats.

Devant lui prosternée, une auguste victime,

    Pleurant nos désastreux succès,

Élevait vers ce Dieu, que lasse enfin le crime,

La coupe pleine, hélas! du pur sang des Français!

Et, vous, sa triste fille, insultée et captive,

Ou vers des bords lointains tristement fugitive,

    Vous nous donniez, dans nos malheurs,

Tout ce qui vous restait, des regrets et des pleurs.

Ah! l'Éternel entend votre douleur plaintive:

Ce tyran sans pitié, prolongeant votre deuil,

Qui, soldat insolent, admis au rang suprême,

Tant de fois insulta le sacré diadême,

Parmi des flots de sang enivra tant d'orgueil,

Et dans un saint pontife outrageait Dieu lui-même,

Pâlit, chancelle, tombe, et, d'écueil en écueil,

Est descendu, vivant, plus bas que le cercueil.

Rappelez-vous ce jour d'immortelle mémoire
     Où Lutèce, en ses murs heureux,
Vous suivant des regards, de la voix, et des vœux,
Voulut vous enivrer de la plus douce gloire ;
     Ce jour où cent jeunes beautés,
Riches de tant d'appas, plus riches d'innocence,
Vous offraient leur amour par la voix de l'enfance.
À l'aspect de vos yeux encor tout attristés,'
Au souvenir des maux qu'égalent vos bontés,
Tous ces cœurs se brisaient de douleur et de joie ·
« C'est l'ange de la Paix ; oui, le Ciel nous l'envoie ! »
Toutes fondaient en pleurs, et, tombant à vos pieds,
Vous priaient de bénir leurs fronts humiliés.

O Princesse ! voilà les plus belles conquêtes !
Voilà par quels témoins le meilleur des Louis
Est certain de régner sur l'empire des lis !
Français ! célébrons tous ses vertus dans nos fêtes.

Vous, guerriers, déposez des foudres en courroux ;

Vos noms fameux, inscrits au temple de Mémoire,

Vos fronts cicatrisés, parlent assez pour vous :

Triomphants, descendez du char de la Victoire,

Et venez vous unir à des concerts si doux ;

Le règne de la Paix l'est encor de la Gloire.

La Paix des malheureux console les douleurs,

Rend à Bacchus son thyrse, à Cérès ses honneurs ;

La Paix fait circuler au banquet de famille

La coupe paternelle où le nectar petille ;

La Paix voit refleurir cet arbuste charmant

Que la vierge, en secret, tresse pour son amant ;

     Et la mère, plus fortunée,

Sans effroi cultivant les fruits de l'hyménée,

     Au bruit du clairon inhumain,

Ne presse plus, hélas ! ses fils contre son sein.

Disciples d'Apollon, saisissez votre lyre !

     La Paix a réclamé vos chants,

     Et vous commandé un saint délire.

Que vos accords les plus touchants

Vers le temple de la Clémence

Entraînent tous les cœurs, désarment la vengeance,

Et, pour jamais fermant les portes de Janus,

Inspirent à toute la France

L'honneur, l'amour des rois, les antiques vertus!

6.

ÉLÉGIE V.

A MA MUSE.

—

O COMPAGNE de mes beaux jours,
Fidèle à mes plaisirs, plus fidèle à mes larmes,
Muse, retire-toi; je renonce à tes charmes :
Il faut quitter la lyre en quittant les amours.
Ah! quand j'idolâtrai ta voix impérieuse,
    Tu le sais, je ne voulus pas
    Que cette lyre audacieuse
Célébrât les héros, complices du trépas,
Chantât l'hymne de mort dans le sang des batailles,
Foudroyât des guerriers les vivantes murailles;

Qu'élançant vers les cieux mon génie agrandi,

Elle osât de l'Olympe écarter tous les voiles,

    Mesurer le front des étoiles,

Et sur leur char de feu suivre mon vol hardi;

Que, sur la terre enfin prostituant sa verve,

Elle sollicitât l'impudique Vénus,

    Et, sous les lambris de Plutus,

Vendît à la faveur une avare Minerve.

Non, je voulais l'unir à mes plus doux penchants;

Par elle conquérir les faveurs d'une amante;

Par elle éterniser une flamme charmante,

Et ne changer jamais ni d'amour ni de chants.

« O prestige si cher à mon ame ravie!

Heureux qui sait aimer et chanter ses amours!

Heureux qui, sans connaitre et la gloire et l'envie,

S'endort dans leurs baisers, s'y réveille toujours,

Et finit en aimant le songe de la vie! »

Je le disais, crédule! et mon cœur égaré,

    Repoussant les sombres alarmes,

S'est au banquet des Dieux, un moment, enivré.

Oh ! combien j'ai payé ce moment desiré !

L'infidèle préfère un rival abhorré ;

L'infidèle au barbare a prodigué ses charmes ;

L'infidèle se rit de mon luth éploré,

Et ne me laisse à moi que la honte et les larmes.

Dieux ! quel crime me fait périr,

Lui fait, sans pitié, rompre un nœud qui l'a charmée ?

Tout mon crime est, hélas ! de l'avoir trop aimée !...

Eh bien ! quand tu veux m'en punir ;

Eh bien ! quand de douleur mon ame est consumée,

Perfide, quand je meurs, je ne puis te haïr.

Si je pouvais, du moins, oublier l'inconstante,

Allumer le dépit dans son sein imposteur !

Si mes chants immortels, punissant sa noirceur,

Flattaient une plus belle amante !...

Mais, noyé de dégoûts, n'aimant que ma douleur,

Et tout brisé par la tourmente,

Je ne puis plus remplir l'abyme de mon cœur :

Expirant même avec ma flamme,

Mon luth se glace entre mes doigts,

Et vers l'ingrate, hélas ! pour la dernière fois,

Élève le cri de mon ame.

Adieu donc, trop perfide femme ;

Adieu, ma Muse ; adieu, Vénus :

Je ne puis plus chanter, quand mon cœur n'aime plus.

ÉLÉGIE VI.

MA MORT.

Plus d'espoir : mon vaisseau, fracassé par l'orage,
  En vain cherche à rentrer au port ;
Dans sa fureur, l'autan loin du natal rivage
  L'emporte au gouffre de la mort.
Malheureux nautonier, luttant plein de courage,
  À peine, sous un ciel d'airain
  Qu'un brûlant aquilon ravage,
  J'ai joui d'un seul jour serein,
Et cueilli quelques fleurs sur le bord de la plage.
J'ai vu dans le lointain les plaisirs des pasteurs ;

J'ai de leurs chants joyeux entendu la cadence :

Je voulus quelquefois m'approcher de leur danse ;

Mais ils ont craint ce front chargé de mes douleurs,

Mais ils ont redouté l'ennui de ma souffrance ;

Et, moi, je m'éloignai, les yeux noyés de pleurs.

Quel est ce tendre enfant dont le regard m'appelle ?

Son sourire est flatteur ; son parler, ingénu ;

Son cœur à la pitié me semble, seul, fidèle :

 « Permets, dit-il, jeune inconnu,

Qu'un enfant désolé de ta peine cruelle

Prenne ta faible rame, et guide ta nacelle. »

Imprudent ! qu'as-tu fait ? C'est le fils de Cypris ;

 C'est lui qui dirige ta voile.

Tu vogues sur la foi de sa perfide étoile :

 Tremble ! ce Dieu qui t'a surpris

 Sur des écueils cachés t'entraîne,

Et, de ton frêle esquif dispersant les débris.

 Te jette, mourant, sur l'arène.

 O mon luth ! ô mon cher trésor !

Dernier bien échappé de ce dernier naufrage,

Seul ami dont la voix me plaint après l'orage,

O mon luth! une fois encor,

Laisse-moi tressaillir à ton divin langage;

Et, quand pèse sur moi le destin criminel,

Que ton hymne de mort soit un hymne immortel!

POEMES ÉLÉGIAQUES.

LIVRE QUATRIÈME.

POEMES ÉLÉGIAQUES.

POEME ÉLÉGIAQUE I.

LES MALHEURS

DES

AUGUSTES PRISONNIERS DU TEMPLE.

—

Dieu! quel arrêt de mort consterne ces cachots!
Quels soupirs déchirants, et quels profonds sanglots!
D'où vient ce désespoir? quelle est cette famille?
Aux lueurs d'un flambeau qui sous ces voûtes brille
Je la vois épuisant les humaines douleurs,

Morne, pâle, éperdue, abymée en ses pleurs,

Serrer contre son sein une auguste victime

Qui la console, et montre un front calme et sublime :

« O ma femme ! ô ma sœur ! ô vous, mes chers enfants !

Ne pleurez plus, hélas ! à mes derniers instants :

Fatigué du fardeau sous lequel je succombe,

Tranquille, et résigné, je descends dans la tombe.

Oh ! si le Ciel enfin, vous prêtant son secours,

Daignait vous accorder ce qu'il m'ôte de jours,

Je bénirais mes fers, mon injuste supplice ;

Mais s'il n'accepte point ce sanglant sacrifice :

D'un roi que ses sujets viennent de condamner

Apprenez à mourir, sur-tout à pardonner. »

Quel moment ! Son épouse, hélas ! se désespère ;

Sa fille se prosterne aux genoux d'un bon père ;

Sa sœur élève au Ciel des regards suppliants ;

Son fils autour de lui presse ses bras tremblants ;

Son fils !... Ce triste père, admirant tant de charmes,

Frémit de l'avenir, baigne son fils de larmes,

Sent défaillir son cœur, leur dit un long adieu,

Et va s'ensevelir dans le sein de son Dieu.

Douce Religion! ô vierge tutélaire!

Toi dont la voix console et le ciel et la terre;

Toi qui mets ton bonheur à pleurer et bénir,

Ta gloire à t'abaisser, et ta joie à souffrir,

Viens, brise ces verroux; que Louis te contemple;

Le plus affreux cachot sera ton plus beau temple:

Viens sous les traits divins de ce pieux mortel

Digne de présenter Louis à l'Éternel.

Mais, déja prosterné devant l'Eucharistie,

Il a reçu son Dieu dans l'ineffable hostie;

Et cet humble chrétien, sous ses fers déchirants,

Est plus roi que les rois, et que tous ses tyrans.

Il en est temps, cruels! consommez votre crime;

Voilà le roi martyr, l'innocente victime;

Arrosez de son sang l'autel de vos faux dieux:

Son corps vous appartient, son ame est dans les cieux

Vous, la postérité poursuit vos noms infames;

Mais le vôtre à jamais est gravé dans nos ames,

Malesherbes, Desèze, Hue, et toi, Chamilly,

Vous tous dont le grand cœur seul n'a jamais failli.

Oh! qui dira ce jour d'exécrable mémoire?

Que ne puissent nos pleurs l'effacer de l'histoire!

Soleil! devais-tu donc lui prêter ton flambeau?

Cette vaste cité semble un vaste tombeau;

Vaincu, de la terreur, enchaîné par les armes,

Le désespoir se tait, et dévore ses larmes.

Que dis-je? tout maudit ce jour si détesté;

Tout : la nature en deuil, les pleurs de la beauté,

Les regrets des vieillards, la stupeur de l'enfance,

La pâleur des bourreaux, et la voix du silence.

« Barbares, arrêtez! il en est encor temps;

Épargnez votre roi dans la fleur de ses ans!

C'est le sang de Henri, c'est le meilleur des pères :

Il essuya vos pleurs, consola vos misères;

Il a compté ses jours par autant de bienfaits;

Peuple, ne commets pas le plus grand des forfaits :

L'équité, le malheur, la pitié, tout l'ordonne :

N'égorge pas ton père alors qu'il te pardonne!... »

En vain ce cri du cœur s'élance de mon sein :

Le tambour régicide et le bronze assassin

Étouffent de Louis la dernière parole ;

Mais l'élu du Seigneur, dont la voix le console,

Sublime, a fait entendre, au milieu de leurs cris,

« Allez, montez au ciel, ô fils de saint Louis ! »

Le ciel s'ouvre, et prend part à ce grand sacrifice ;

Le chœur des séraphins, l'immortelle milice,

Aux pieds de Jéhovah, répétaient, attendris :

« Venez, montez au ciel, ô fils de saint Louis ! »

Mais quel nouveau forfait déshonore la terre?

De monarques puissants épouse, fille, mère,

Dans le fond des cachots condamnée à souffrir,

Tu meurs cent fois, hélas! avant que de mourir.

Où donc est la Pitié, secourable immortelle?

Ne peut-elle briser ta chaîne si cruelle?

Vole affronter la mort, pour finir ses revers.

Généreux Sombreville, ornement de mes vers ;

Toi, sous les plis nombreux de ta robe discrète,

Tendre œillet, cache bien ce billet qu'il apprête;

O fleur, que ne peux-tu toi-même lui parler!

Va, messager charmant, sois fier de consoler

La reine la plus belle et la plus malheureuse.

Ah! quand mai nous rendra sa saison amoureuse,

Je veux dans nos jardins, multipliant tes fleurs,

À ce penser touchant, t'arroser de mes pleurs.

Mais tout est découvert : poussant un cri de joie,

Le crime qui veillait saisit sa faible proie,

Et l'entraîne, mourante, au sanglant tribunal.

Misérables, vomis du rivage infernal,

Frappez! Eh! qu'a besoin votre infame imposture

D'assassiner son cœur, d'outrager la nature?

Elle aima son époux, pleure son affreux sort,

Pardonne à ses bourreaux, elle a droit à la mort.

Monstres! précipitez vos vengeances terribles;

Le supplice n'est rien, les apprêts sont horribles :

Ces cheveux qu'entourait l'or des sacrés bandeaux

Tombent sous le tranchant de criminels ciseaux;

Cette pourpre, des rois magnifique parure,

A fait place aux lambeaux d'une grossière bure;

Ces généreuses mains, prodigues de bienfaits,

Se gonflent sous les nœuds réservés aux forfaits;

À ce char triomphant qu'élancent dans la plaine

Huit coursiers orgueilleux de conduire leur reine

Succèdent les lenteurs du fatal tombereau,

Où s'humilie un prêtre à côté d'un bourreau.

O Reine!... Sans mourir, quel Français la contemple!

Devant son palais même, en face d'un saint temple,

Dans cette place immense où l'hymen enchanté

Ornait d'un diadème un front plein de beauté,

La main d'un vil bourreau sous la hache fumante

Abaisse et fait tomber cette tête sanglante.

Princes infortunés! abyme des grandeurs!

Eh! que servent ces noms, ces palais, ces splendeurs,

Ce temple où leur cercueil en pompe doit descendre?

On cherche maintenant l'endroit où fut leur cendre!

Une terre brûlante entourant leurs lambeaux

Les supplicie encor, même au fond des tombeaux.

O mortels, ignorant vos tristes destinées !

Suivez à l'échafaud ces têtes couronnées,

Et, tombant à genoux, remplis d'un saint effroi,

Dites : Dieu seul est grand ; dites : Dieu seul est roi.

C'est lui qui te demande, adorable princesse,

Modèle de pudeur, de grace, et de sagesse ;

Toi, qui, si près du trône, en ton zèle pieux,

Te prosternas souvent aux pieds des malheureux ;

L'éternité t'appelle, et t'ouvre un port tranquille ;

Hâte-toi : la vertu n'a qu'au ciel un asile.

Et toi, royal enfant, objet de tant de pleurs,

Toi qui, si jeune encor, t'abreuvas de douleurs,

Quand je plains ta bonté, tes malheurs, et tes charmes,

Quel régicide même accusera mes larmes ?

Jeté nu sur la terre, heureux de mendier,

Le soir, l'enfant du pauvre, assis près du foyer,

Nourri du pain trempé des sueurs de son père,

A, du moins, pour trésor les baisers de sa mère ;

Et, si la mort sur lui place son froid linceul,

On attache une fleur à son étroit cercueil :

Toi, qui devais tenir le sceptre de la France;

Toi, dans le sein des ris bercé par l'opulence;

Toi, dont les chants de joie avançaient le sommeil,

Dont les fleurs, au matin, parfumaient le réveil,

Maintenant enchaîné dans une infecte enceinte,

Mourant de froid, de faim, de douleur, et de crainte,

Tu pleures! et ton père, hélas! ne t'entend plus,

Ta mère n'accourt pas à tes cris superflus;

Ta sœur, loin de tes yeux, prie et souffre en silence.

Les maux de la vieillesse assiégent ton enfance,

Et tu n'as plus de force, aux portes des tombeaux,

Que pour presser encor la main de tes bourreaux.

Ils abrégent tes nuits, ils tourmentent ta veille;

D'abominables chants outragent ton oreille,

De ton esprit charmant brisent tous les ressorts,

Empoisonnent ton ame et peut-être ton corps!...

Tu meurs, nu, délaissé, rongé d'affreux ulcères,

Tu meurs, les yeux fermés par des mains étrangères.

Donnez, donnez des fleurs, des lis à pleines mains;

Que j'en couvre sa tombe en pleurant ses destins !
Puisse son ombre émue et me voir et m'entendre !
Puisse la terre enfin peser moins sur sa cendre,
Et son auguste sœur, attentive à mes chants,
Accorder quelques pleurs à mes récits touchants,
Tandis qu'un roi pieux, délices de la France,
Du moderne Néron terrassant la puissance,
Et, ramenant l'espoir de jours plus fortunés,
Embrasse ses enfants à ses pieds prosternés !

POEME ÉLÉGIAQUE II.

LE SACRIFICE DE JEPHTÉ.

—

Toi, qui, du haut des cieux embrassant l'univers,
De tes chœurs immortels écoutes les concerts,
Qui du saint roi David inspiras les cantiques,
Et d'Israël en deuil les harpes prophétiques,
Fais qu'un rayon céleste empreint dans mes écrits
Épure mes accents, échauffe mes esprits!
Zeila, qui, vierge encor, va finir sa carrière,
Son père infortuné maudissant la lumière,
Tous les fils de Jacob noyés dans les douleurs,

8

À la lyre sacrée ont demandé des pleurs.

Déja j'entends les cris du fougueux Moabite;

Je le vois s'élancer des plaines qu'il habite :

Dieu! quel nuage épais! quels bataillons pressés!

De leurs moissons de dards les champs sont hérissés;

Sous leurs nombreux coursiers la terre au loin chancelle

Et la mort à leurs chars suspend sa faux cruelle.

Ils s'avancent, pareils à l'orageuse nuit;

Israël, éperdu, se disperse et s'enfuit.

Jephté, le fier Jephté, d'effroi glacé lui-même,

Lève les mains au ciel, s'adresse au Roi supréme :

« Si tu livres, Seigneur, à nos bras triomphants

La dépouille d'Ammon et ses cruels enfants,

Au retour des combats j'immole à ta vengeance

Le premier des mortels offert à ma présence. »

Malheureux! quel serment viens-tu de prononcer!

Tremble; ton Dieu t'écoute, et daigne t'exaucer.

Tes soldats, enivrés d'espérance et de joie,

Des remparts de Maspha s'élancent sur leur proie;

L'ange exterminateur, marchant devant leurs pas,

Plonge les fils d'Ammon dans la nuit du trépas ;

Leurs trésors sont ravis, leurs tentes saccagées,

Comme de vils troupeaux leurs tribus égorgées,

Et l'Arnon se rougit de leur sang criminel ;

Et des murs d'Aroër aux campagnes d'Abel,

Où du pampre odorant la grappe se colore,

De son souffle de feu le Seigneur les dévore.

De mille cris joyeux retentit Israël ;

Ses vœux reconnaissants s'élèvent jusqu'au Ciel ;

Jephté victorieux reverra donc sa fille,

Sa fille, seul espoir d'une illustre famille ;

Non, du jour le plus pur le rayon matinal

Ne pourrait éclipser son éclat virginal ;

Le jeune et beau palmier, à la tige ondoyante,

De sa taille n'a point la souplesse élégante,

Et l'encens de Saba n'a jamais égalé

Le suave parfum de sa bouche exhalé.

De ses riches parents magnifique espérance,

À la grace naïve, à la simple innocence,

À ce front qu'embellit la céleste pudeur,

La piété fervente est unie en son cœur;

Heureuse de nourrir, sous le toit solitaire,

La crainte du Seigneur et l'amour de son père.

Les vierges de Maspha, pour fêter tant d'exploits,

Mêlent les sons du luth à leur touchante voix;

Sous leurs bruyantes mains les tambourins résonnent;

De roses mollement leurs beaux fronts se couronnent,

Et leurs groupes nombreux marchent vers les vainqueurs.

Jeune, riche d'attraits, à la tête des chœurs,

Zeila montre sa grace, et parmi ses compagnes

Brille, comme, au milieu des riantes campagnes

Que l'élite des fleurs s'empresse de couvrir,

Brille un lis que l'aurore à peine vient d'ouvrir.

Déja le bruit lointain des accords de la danse

Remplit toute la plaine, et vers Jephté s'avance :

D'affreux pressentiments tout-à-coup déchiré,

Jusques au fond du cœur son sang s'est retiré;

Et, tremblant d'approcher du toit de sa famille,

Il s'arréte.... il regarde.... il reconnaît sa fille....

Dieu! sa fille d'abord a frappé ses regards!

Son œil épouvanté cherche de toutes parts

Une victime, hélas! moins chère à sa tendresse;

Mais déja de Zeila le cœur joyeux le presse.

Il recule d'horreur; et, se frappant le sein :

« O ma fille, dit-il, je suis ton assassin!

Dieu cruel! à quel prix as-tu mis ma victoire?

De mon sang le plus pur faut-il payer ma gloire?

Rendez-moi les combats, l'ennemi menaçant;

Que le glaive d'Ammon s'abreuve de mon sang.

Dieu clément! prends pitié d'un père qui t'implore;

Laisse vivre ma fille, à peine à son aurore.

Mais il faut obéir à ton ordre cruel!

O ma fille! ton sang doit couler sur l'autel.

Ton père est seul coupable, a seul commis le crime;

Toi, malheureuse, hélas! tu seras la victime. »

Zeila pleure, et lui dit : « Calmez votre douleur;

J'obéirai, mon père, aux ordres du Seigneur.

8.

Comme, au bruit glorieux du succès de vos armes,

Au-devant de vos pas j'accourais sans alarmes,

Vous me verrez tranquille, approchant de l'autel,

Courber mon triste front sous le couteau mortel.

Je sais combien gémit votre ame déchirée;

Que pour une autre pompe, hélas! j'étais parée;

Mais mon Dieu l'a voulu, je n'en murmure pas,

La gloire de mon père est due à mon trépas.

Permettez seulement qu'unie à mes compagnes,

Durant deux mois entiers, sur les hautes montagnes,

Dans un pieux silence, un saint recueillement,

Je prépare mon cœur au terrible moment

Où finira ma vie.... Elle dut m'être chère;

Je la coulais, hélas! dans le sein de mon père. »

«Va; le Ciel, répond-il, prendra pitié de nous;

Mais, si tant de vertus n'arrêtent son courroux,

Ah! crois-en ma tendresse, il aura deux victimes. »

Zeila se rend alors sur les bruyantes cimes

Qui, non loin de Maspha, s'élançant dans les airs;

De leur verte ceinture embrassent les déserts ;

Et là, telles qu'au bruit des tempêtes sifflantes

S'assemble un faible essaim de colombes tremblantes,

Les yeux au Ciel levés, les filles d'Israël

Implorent à genoux la clémence du Ciel,

Cherchent de leur compagne à calmer les alarmes,

Et, l'œil baigné de pleurs, voudraient sécher ses larmes.

Zeila, le cœur ému de leur douce pitié,

Dérobe ses douleurs à leur tendre amitié ;

Ou, si son cœur brisé cache en vain sa souffrance,

Leur sourit tristement, et s'éloigne en silence.

Tantôt, bravant les feux de l'astre étincelant,

Vers la terre elle courbe un front pâle et brûlant,

Prie, et, sans étaler un fastueux courage,

Demande à l'Éternel d'épargner son jeune âge.

Telle, l'amour des fleurs, la grace d'un jardin,

Une rose qui s'ouvre au souffle du matin

Sous les traits du soleil tombe, se décolore,

Et meurt en demandant des larmes à l'aurore.

Tantôt, près du torrent qui s'élance par bonds,

Elle attache un œil fixe à ses flots vagabonds,

Et les voit fuir, hélas! avec moins de vitesse

Que n'ont fui les beaux jours de sa courte jeunesse.

La nuit même, à l'instant où dans les cœurs mortels

Le sommeil a versé l'oubli des maux cruels,

Seule, veille et s'afflige une vierge éplorée;

Seule, au fond du désert, triste, pâle, égarée,

De sa voix gémissante, à l'écho des forêts

Elle conte en ces mots sa peine et ses regrets :

« La jeune vigne en paix boit les feux de l'aurore;

Le palmier verdoyant ne craint point de périr;

La fleur même vivra plus d'un matin encore;

  Et moi, je vais mourir.

« Mes compagnes, un jour, au nom sacré de mère,

En secret tressaillant d'orgueil et de plaisir,

Verront sourire un fils aussi beau que son père;

  Et moi, je vais mourir.

« Aux auteurs de leurs jours prodiguant leur tendresse,

Sous le fardeau des ans s'ils viennent à fléchir,

Elles seront l'appui de leur faible vieillesse ;

    Et moi, je vais mourir.

« Toi, qui des cieux entends une vierge plaintive,

Vois les pleurs de mon père, et daigne les tarir ;

Donne-lui tous les jours dont ta rigueur me prive ;

    Et je saurai mourir. »

Ainsi, s'abandonnant à sa pieuse crainte,

Elle attendrit l'écho de sa naïve plainte,

Et déja dans les cieux s'allumait le flambeau

Qui devait, le soir même, éclairer son tombeau.

De son dernier adieu s'attristent les montagnes ;

De son dernier baiser gémissent ses compagnes,

Qui, le cœur déchiré, les larmes dans les yeux,

La suivent lentement d'un pas silencieux.

Le front couvert d'un voile, et de fleurs couronnée,

Résignée à la mort, la vierge infortunée,

À travers les torrents de tout un peuple en deuil,

Du temple ose franchir le redoutable seuil.

Déja les flots d'encens à la voûte embaumée

Roulaient en tourbillons l'odorante fumée :

Orné de la thiare et d'un lin éclatant,

Déja le saint pontife a pris le fer sanglant :

Le front décoloré, la victime innocente

S'humilie, et lui tend sa tête obéissante :

Trois fois il la bénit, détache son bandeau,

Détourne les regards, et lève le couteau....

Tout-à-coup sous ses pieds s'ébranle au loin la terre ;

Un éclair fend la nue et se mêle au tonnerre ;

Tout le peuple effrayé se prosterne à-la-fois,

Et le Dieu d'Abraham fait entendre sa voix :

« Le vœu cruel d'un père à mes yeux fut un crime ;

Un nouveau crime allait me livrer la victime :

J'ordonne qu'elle vive, et, gardant ce saint lieu,

Qu'elle soit à jamais l'épouse de son Dieu. »

Sion, sors de ton deuil, reprends tes chants de joie ;

Peuple, cours vers un père à la douleur en proie :

Dis-lui qu'enfin sa fille a touché l'Éternel,

Qu'il vienne la presser sur le sein paternel,

Et rendre grace au Dieu dont jamais la clémence

N'a dédaigné les pleurs que verse l'innocence.

POEME ÉLÉGIAQUE III.

LA MORT DE HENRI IV.

—

Sur l'empire des lis, qu'affermit son courage,

Henri régnait en paix après un long orage,

Et, cachant tant de gloire aux partis abattus,

Il désarmait leur haine à force de vertus.

Si sa noble valeur dompta la Ligue altière,

Sa clémence conquit la France tout entière,

Et ses heureux sujets conjuraient l'Éternel

De prolonger le cours d'un règne paternel :

Ainsi l'astre du jour, plongé dans les orages,

De ses flèches de feu disperse les nuages,

—

Remonte triomphant sur le trône des airs,
Et la terre sourit au roi de l'univers.

Mais quel monstre vomi par l'Enfer en furie
Dans un nouvel abyme a plongé la patrie?
Le sanglant Fanatisme est ce monstre inhumain :
Il voit son sceptre horrible échapper à sa main.
Bourbon a désarmé les foudres de l'église;
Le fier Espagnol baisse une tête soumise;
L'Europe, unie enfin par un nœud fraternel,
Du sombre Fanatisme abolira l'autel.
Furieux contre un roi qui brise sa puissance,
Il le voue au trépas; des Enfers il s'élance,
Et, s'armant en secret d'un infame couteau,
De la Religion revêt le saint manteau.
Mais combien en ses traits cette vierge diffère
Du monstre qu'à sa place encense le vulgaire!
Elle est fille du Ciel, il est fils des Enfers;
Elle instruit les mortels, il trompe l'univers;
L'un dans son cœur féroce allume la vengeance,

L'autre n'y laisse accès qu'à la douce clémence ;

Il traine à ses autels, elle y guide les cœurs ;

Et, tandis qu'il poignarde, elle verse des pleurs.

Sur la rive fertile où la molle Charente

Déroule lentement les plis d'une onde errante,

Le Fanatisme impur, au pied des saints autels,

Court choisir son complice entre ces vils mortels

Qu'au nom d'un Dieu de paix il pousse aux plus grands cri

Et sait rendre à-la-fois et bourreaux et victimes.

Ravaillac du barbare est le nom odieux :

Jeune encore, il porta dans un cloitre pieux

La Superstition, et l'Audace, et l'Intrigue,

Tous monstrueux enfants nés au sein de la Ligue ;

Sur-tout le Fanatisme, altérant sa raison,

Sur son cœur distillait un infernal poison ;

Et dès-lors poursuivi par ce sanglant Génie,

Plongé dans les accès d'une noire manie,

Au seul nom de Henri poussant un cri d'horreur,

Le malheureux portait tout l'Enfer dans son cœur.

Le monstre qui sans cesse irrite tant de rage,

Brûlant de terminer son sacrilége ouvrage,

Cache son front cruel sous un bandeau divin,

Et, la croix sur le cœur, un poignard à la main,

Le corps enveloppé de longs voiles funèbres,

Se montre à Ravaillac dans l'horreur des ténèbres.

« Quoi! tu dors, lui dit-il, et tu vois mon affront!

Tu vois l'Impiété par-tout lever le front,

Et la Religion de son temple exilée,

Et sa loi sainte aux pieds des profanes foulée!

Lâche! est-ce donc ainsi que, cachée en ce lieu,

Ta stérile vertu prétend servir ton Dieu?

Est-ce ainsi que Clément, à l'église fidèle,

Dans un instant conquit une vie éternelle?

Prends ce poignard sacré; chrétien, n'hésite pas,

Dans le sein de Henri cours plonger le trépas.

Frapper ce vil tyran, c'est frapper l'hérésie

Que nourrit de son cœur l'adroite hypocrisie.

Cours, vole; et, si tu meurs d'un supplice cruel,
Il est beau de mourir pour la cause du Ciel. »
Il dit, lui tend le fer que tient sa main parjure,
Fuit, et prolonge au loin un horrible murmure.
Ravaillac, agité d'une sainte terreur,
Embrasse ce poignard, adore le Seigneur,
Et croit encore entendre une voix qui l'appelle
À cueillir, en mourant, une palme immortelle.

Vers les bords de la Seine il dirige ses pas :
Mais deux fois le remords suspend ses attentats,
Et lui montre expirant au sein de ses murailles
Ce roi que respecta le glaive des batailles;
Qui, dans les champs d'Ivry, plein de ses grands succès,
Criait à ses soldats, *Épargnez les Français!*
Qui, pleurant ses exploits, de sa main paternelle
Nourrit et protégea la cité criminelle
Où la faim parricide outrageait les tombeaux,
Et de membres sanglants dévorait les lambeaux.
Le remords le poursuit, à tous ses pas s'attache,

Lui dispute son glaive, et de sa main l'arrache,

Et dans les flancs d'un roc qui borde son chemin

Émousse le tranchant du poignard inhumain.

Inutiles efforts! ô crime! tu l'emportes!

De l'antique Lutèce il a franchi les portes,

De son crime inoui marqué le jour affreux.

Jour de deuil et de sang, jour trois fois malheureux.

Tout généreux Français et te pleure et t'abhorre,

Et les fils de nos fils te maudiront encore!

Ce jour, le cœur du roi, plein d'une sombre horreur,

Pour la première fois a connu la terreur :

Le sommeil fuit sa couche; et cette voix sinistre,

Trop souvent de la Mort l'invisible ministre,

Qui glace d'épouvante, entoure d'un long deuil,

Et nous plonge, vivants, dans l'horreur du cercueil :

Cette voix l'avertit de l'odieuse trame,

Et retentit sans cesse autour de sa grande ame.

La paix, hélas! a fui de son triste palais;

Au pied des saints autels il va chercher la paix.

Là, tandis que le prêtre accomplit le mystère,

Élève vers son Dieu les larmes de la terre,

Bourbon, avec respect courbant son front vainqueur,

Révèle à l'Éternel les peines de son cœur,

Et, sentant se briser la trame de sa vie,

L'implore, l'œil en pleurs, pour sa triste patrie.

O crime ! Ravaillac, conjurant tout l'Enfer,

De l'œil cherche la place où doit frapper le fer.

Déja son bras levé menace la victime ;

Déja le Fanatisme applaudit à son crime...

Mais Vendôme paraît, s'approche de son roi ;

Tout-à-coup Ravaillac, le cœur glacé d'effroi,

Recule en frémissant, sur ses genoux chancelle,

Et s'enfuit de ce temple où sa peur le décèle.

En vain dans son palais Bourbon s'est retiré ;

Le bonheur en ces lieux, hélas ! n'est point rentré.

Ce Louvre fastueux, sa superbe couronne,

La pompe des grandeurs dont sa cour l'environne,

Ses serviteurs zélés partageant son chagrin,

Son épouse, ses fils, pressés contre son sein,

Tout redouble sa peine, ajoute à ses alarmes;

Et ce bon prince en vain veut leur cacher ses larmes,

En vain veut soulever le poids de la douleur,

Qui, toujours plus pesant, retombe sur son cœur.

Où donc était Sully dans cette heure cruelle?

Henri veut voir Sully; c'est Sully qu'il appelle.

Mais un mal dévorant le retient loin de lui :

Eh bien! il va voler près de son noble appui.

O sublime Amitié, vertu des grandes ames !

Si tous deux, consumés de tes célestes flammes,

Même au sein des grandeurs embrassaient tes autels,

Ne sépare jamais leurs deux noms immortels.

Déja, de son palais franchissant les portiques,

Roulait le char du roi vers les donjons antiques

Où son bras commandait à ces foudres vainqueurs,

Ces foudres qui de Mars allument les fureurs;

Déja le doux aspect de la riche Lutèce

De son cœur, par degrés, dissipe la tristesse ;
Et du monarque ému les regards attendris
Contemplent de ces bords les habitants chéris.
L'alégresse se peint sur leur riant visage ;
Ils accourent de fleurs parfumer son passage,
Et d'un seul sentiment tout un peuple animé
Fait goûter à son roi le bonheur d'être aimé.
Oh ! combien pour Henri ce spectacle a de charmes !
Sa bouche leur sourit, ses yeux versent des larmes :
Gardé par leur amour, escorté de bienfaits,
Dans sa marche entouré des heureux qu'il a faits,
À la douce gaîté qui sur tous les fronts brille,
Il semble un père heureux fêté de sa famille.

Au milieu des transports de leur amour sacré,
L'assassin, à l'écart, sombre, pâle, égaré,
Sous un vaste manteau composant sa démarche,
De détours en détours, du char suivait la marche.
Tel, lorsque dans la plaine un groupe de pasteurs

Célèbre les bienfaits de ses Dieux protecteurs,

Un serpent furieux, long-temps caché sous l'herbe,

Alongeant ses anneaux, dressant son cou superbe,

Dans les flancs d'un berger qu'il surprend à l'écart

Se prépare à plonger sa langue à triple dard :

De même l'assassin, consterné de leur joie,

En silence s'apprête à fondre sur sa proie.

Tout-à-coup un obstacle au char est présenté;

L'attelage bondit, le peuple épouvanté

Fuit. Soudain Ravaillac (ô forfait exécrable!)

Saisit avec transport cet instant favorable,

Rejette son manteau, s'avance vers ce lieu,

S'élance, d'un seul bond, sur l'immobile essieu,

Et, dans le char du roi glissant un bras perfide,

Deux fois plonge en son cœur le poignard régicide.

Le monstre! un rire affreux sur sa bouche a passé;

Son regard se repaît du sang qu'il a versé;

Et son bras assassin, levé sur la victime,

Demande à l'Éternel le salaire du crime.

On l'arrache, on l'entraîne ; et, plein d'un morne effroi,

Le peuple accourt en pleurs près du char de son roi.

Fermé de tous côtés, dans un profond silence,

Ce char avec lenteur vers le Louvre s'avance :

Henri des flots de sang d'un cœur inanimé

Inonde le chemin, de fleurs encor semé ;

Tous ces cris, de la joie éclatant interprète,

Font place au calme affreux de la douleur muette.

La douleur n'ose point pousser de longs sanglots ;

Elle craint que ses cris n'alarment un héros

Qu'un rayon émané de la douce espérance

Lui montrait respirant encore pour la France.

La nuit du peuple entier ne détruit point l'erreur.

Oh ! combien cette nuit, témoin d'un tel malheur,

Entend de cris plaintifs percer ses voiles sombres,

De longs gémissements prolongés dans ses ombres !

Femmes, enfants, vieillards, dans ce commun danger,

Remplis d'un même effroi, n'osent s'interroger.

Tout ce peuple, à grands flots, de ses temples antiques

Inondant les parvis, remplissant les portiques,

Aux pieds de l'Éternel dépose ses douleurs.

« O toi ! s'écriaient-ils les yeux baignés de pleurs.

Toi, qui trop rarement fais briller sur la terre

Un roi dont la bonté soulage sa misère,

De tout un peuple en deuil daigne écouter la voix ;

Daigne sauver les jours du meilleur de ses rois ! »

Mais en vain, ô mon Dieu ! ce bon peuple t'implore :

Hélas ! dans les cœurs seuls Henri vivait encore.

Bientôt du jour naissant la sanglante clarté

Dévoile à leurs regards l'horrible vérité.

Quels accents douloureux arrachés à la lyre

Rediront les transports de leur sombre délire,

Les larmes, les sanglots, les hurlements, les cris,

Le vaste désespoir régnant dans tout Paris !

L'un se frappe le sein, de ses mains le déchire :

L'autre, au palais du prince en accourant, expire :

Les guerriers, l'œil en pleurs, racontent ses hauts faits ;

Le vieillard malheureux parle de ses bienfaits ;

Le jeune enfant gémit dans les bras de sa mère ;

Sa mère lui répond : « Mon fils, pleure ton père ! »

La Seine consternée au loin porte un seul cri :

« Henri n'est plus !... pleurons notre bon roi Henri. »

POEME ÉLÉGIAQUE IV.

AGAR DANS LE DÉSERT.

DE la loi du Très-Haut fidèle observateur,

Comblé de tous les biens, Abraham, roi pasteur,

De ses riches troupeaux couvrait au loin les plaines,

Et d'Hébron fécondait les superbes domaines.

Inutiles trésors! Du couchant de ses jours

Le chagrin lentement vient obscurcir le cours :

Le noir chagrin, hélas! aussi vieux que le monde,

Qui des premiers humains troubla la paix profonde,

Qui se cache toujours sous le royal bandeau,

Ose même attrister le modeste hameau.

10

Non, le cœur d'Abraham ne sera plus tranquille :
Sara de pleurs amers arrose un lit stérile ;
Tandis que son esclave, à la fleur des beaux jours,
Vaine du fruit heureux de ses jeunes amours,
Étale tout l'orgueil d'une mère jalouse,
Usurpe insolemment tous les droits d'une épouse.
L'Éternel de Sara console les vieux ans :
Un fruit miraculeux tressaille dans ses flancs.
O bonheur ineffable ! ô joie inespérée !
Voilà le rejeton d'une tige sacrée,
Qui de sa mère enfin dissipe les douleurs :
Le sourire d'un fils rachète tant de pleurs !
Mais Agar a frémi d'un bonheur qui l'oppresse ;
Son Ismaël n'a plus la première caresse.
Fière comme un palmier, roi des bords du Jourdain,
Elle s'emporte, affecte un superbe dédain.
Son maître adoucissait sa plainte trop amère ;
Il excusait Agar : hélas ! elle était mère.

Vers cette heure tardive où les nombreux troupeaux

Regagnent lentement les paisibles hameaux,

Où l'auguste vieillard, pour qu'il lui fût propice,

Offrait à l'Éternel l'encens du sacrifice,

Il a revu sa tente : ô douloureux tableau !

De sa tremblante main rejetant le fuseau,

Plus pâle que des nuits la pâle messagère,

Arrachant Isaac au fils de l'étrangère,

Sara pousse des cris, aux pieds de son époux

Tombe, et, d'un faible bras, s'attache à ses genoux :

« O mon époux ! mon maître ! ô mon unique asile !

Venge-toi, venge-moi. Ton esclave indocile

Me brave, me menace ; et son fils inhumain

Sur l'élu du Seigneur ose lever la main.

Une indigne servante outrage sa maîtresse,

Insulte mes vieux ans, et punit ma faiblesse.

Oh ! si tu m'appelas jadis du plus doux nom ;

Si pour toi je bravai l'amour de Pharaon ;

Si toujours avec toi je traversai la vie ;

Dans la tombe avec toi si je dois être unie ;

Si tu chéris ce fils à nos vœux accordé,

Protége son berceau, ton Dieu l'a commandé;

Chasse un coupable enfant, chasse l'Égyptienne,

Dont la haine empoisonne et ma vie et la tienne. »

Elle dit, et succombe à ses vives douleurs;

Sa défaillante voix expire dans les pleurs.

« Oui, s'écrie Abraham, toi seule es mon épouse;

Vous, portez loin d'ici votre fureur jalouse;

Fuyez : cachez demain dans le fond des déserts

L'excès de votre audace et vos justes revers.

Toi, qui frappas mon fils de ta main criminelle,

Tu ne reverras plus la tente paternelle. »

Agar, sans être émue, entend l'arrêt cruel;

Son front est plein d'orgueil, son cœur est plein de fiel :

Loin qu'elle s'humilie, un moment les implore;

Son silence irrité les menaçait encore.

Abraham toutefois n'aura pas oublié

Au fond d'un cœur pieux les soins de la pitié;

Sur le foyer brûlant sa bouche haletante

Excite avec effort une flamme éclatante,

Et sous la cendre il place un généreux froment,

Dernier secours, hélas! préparé tristement.

Sara même, aux lueurs de la lampe qui veille,

L'enferme, avec l'eau pure, au fond d'une corbeille:

Doux penser d'une mère! y glisse, de sa main,

Pour le jeune Ismaël, un vêtement de lin.

Déja l'astre du jour, au bord de sa carrière,

Inondait l'Orient des flots de sa lumière;

Et déja s'éloignait la dédaigneuse Agar,

Sans même d'Abraham chercher un seul regard.

Dans le désert muet elle marche en silence,

En sonde sans effroi la profondeur immense;

Son jeune enfant la suit, mais d'un pas inégal,

Et tourne un œil en pleurs vers le toit pastoral.

Cependant le soleil, dans sa course indomptable,

Fait ruisseler ses feux sur une mer de sable;

Bientôt l'enfant épuise un breuvage brûlant;

Les chaleurs, la fatigue, et la soif l'accablant:

« Retournons, disait-il, retournons vers mon père.

10.

— Hélas! mon pauvre enfant, tu n'as plus que ta mère.

— Mon père m'abandonne, et je me sens mourir! »

Agar ne peut répondre; elle le voit souffrir;

Lutte encore, soutient sa marche défaillante;

Le presse sur sa bouche, et sa bouche est brûlante;

Lui présente son sein, son sein est desséché :

De tous côtés en vain ses regards ont cherché :

Elle n'entend répondre à sa voix douloureuse

Que du tigre affamé la plainte furieuse.

Un seul palmier frappait son œil épouvanté,

Un seul, percé des traits d'un soleil irrité.

Elle y place Ismaël; mais sa voix est mourante,

Mais son ame est déja sur ses lèvres errante.

Agar, que désespère un si cruel trépas,

Pousse des cris affreux, fuit au loin à grands pas,

Déchire ses habits, se couvre de poussière,

Pour la première fois courbe sa tête altière :

« Dieu de miséricorde, ô mon dernier recours!

Laisseras-tu mon fils expirer sans secours?

Mon Dieu! daigne en pitié regarder ma misère :

Seul, tu connais l'excès des douleurs d'une mère.

Ah! laisse-moi mon fils! laisse-moi mon seul bien!

Sans mon fils, sur la terre, hélas! je n'ai plus rien.

Dieu! si mon juste orgueil à tes yeux est un crime,

Frappe, me voilà prête, immole ta victime :

Que, riant de mes maux, Sara dicte des lois,

Dévore, en m'insultant, ma dépouille et mes droits;

Mais épargne mon fils! mon fils n'est point coupable.

Grand Dieu! mon fils n'est plus!... Où suis-je? misérable!

La douleur et l'effroi m'arrachent de ses bras :

Nous ne serons pas même unis dans le trépas! »

Sa voix meurt. Chancelante, accablée, éperdue,

Sur l'arène embrasée elle tombe étendue.

O prodige! à l'instant l'ange de la pitié,

Cet ange qui relève un cœur humilié,

Du haut des cieux descend sur la nue enflammée :

À sa voix consolante Agar s'est ranimée.

« Agar, dit-il, Agar, Dieu vient te secourir.

Vois ces flots bienfaisants près de ton fils courir.

Oui, le Dieu de bonté qui nourrit l'indigence,

Qui du pauvre orphelin soutient la faible enfance,

Ce Dieu sauve ton fils, l'adopte en son malheur;

Ismaël grandira sous l'aile du Seigneur :

Je le vois père heureux d'une race féconde

Qui ne fixe jamais la tente vagabonde;

Habile à courber l'arc, à dompter les coursiers,

Elle jette l'effroi dans les rangs des guerriers,

Et, comme un cèdre antique étend un vaste ombrage,

Étend sur les déserts ses rameaux d'âge en âge. »

L'ange s'éloigne : Agar désaltère Ismaël,

Le presse avec transport sur le sein maternel;

Et, le front radieux, fière d'un tel miracle,

Au désert de Pharan court accomplir l'oracle.

POEME ÉLÉGIAQUE V.

LA MORT DE BAYARD.

—

La victoire quittait les drapeaux de la France ;
L'Italie opprimée, aux cris de la vengeance,
S'élançait, triomphante, à de nouveaux combats,
Et Rebeck sous ses murs écrasait nos soldats.
Là, sur d'affreux débris levant sa tête altière,
Inondé de sueur, de sang, et de poussière,
Un guerrier appuyé sur son large pavois
À ses fiers compagnons fait entendre sa voix :
C'est Bayard !.... «Vous voyez quel destin nous accable :
La superbe Milan lève un front implacable ;

Rebeck, notre barrière, a péri sous les feux;

Le vaillant Bonivet verse un sang généreux;

Et l'Espagnol, servant et Bourbon et sa haine,

D'éclatants pavillons blanchit toute la plaine.

Le nombre seul l'emporte, et non point la valeur;

Mais, s'il faut succomber, amis, sauvons l'honneur;

Marchons; il faut oser, Mars seconde l'audace,

Et Bayard en ces lieux n'a point marqué la place

Où vous attend la gloire. Ah! d'un plus noble effort

Rejetons dans leur camp la terreur et la mort;

À de sanglants lauriers tout Français peut prétendre :

Le salut des vaincus est de n'en plus attendre. »

Il dit; et ses guerriers, défiant le trépas,

De leurs pavois heurtés provoquent les combats.

Tel s'étend sur la plaine un ténébreux nuage

Qui dans ses flancs recèle et la foudre et l'orage;

Tels, pleins d'un noir courroux, en silence, à pas lents,

Nos soldats s'avançaient vers les fiers Castillans.

À peine ils ont touché les tentes ennemies,

Un cri part; à l'instant les gardes endormies
Expirent sous les traits, et le glaive inhumain
S'ouvre à travers le camp un horrible chemin.
Muets, pâles d'effroi, n'osant fuir ni combattre,
Sous les pieds des chevaux on voit les rangs s'abattre;
Tout cède à la fureur de l'homicide acier :
Déja la mort planait sur le camp tout entier.

Mais Bourbon, des vaincus ranimant le courage,
Fond sur ces chevaliers lassés d'un long carnage.
Quels prodiges d'audace ont signalé leurs bras?
O Muse! fais frémir la corde des combats :
Chante Bayard semant sur sa route sanglante
Le désespoir, les cris, la fuite, l'épouvante;
Et, plus grand que lui-méme, insensible à la mort,
Seul, arrêtant l'armée, et balançant le sort.

Tout le camp, mais en vain, conspire à sa défaite,
Et d'un cercle de dards a fermé sa retraite.
Trois fois, le fer en main, il s'élance, et, d'un bond,

Franchit ce mur d'acier, qui fléchit et se rompt ;

Trois fois Bayard courbé sous l'affreuse tempête

Cède, mais en héros, sans détourner la tête :

Tel un lion, pressé d'un triple rang d'épieux,

Dresse ses crins sanglants, rugit, et, furieux,

Recule, mais combat, mais conserve sa gloire :

Sa fuite menaçante est encor la victoire.

Quel odieux génie a terrassé Bayard ?

L'infame Trahison : ce monstre, à l'œil hagard,

Sous cent formes exerce un criminel empire ;

Il caresse et dénonce, il embrasse et déchire ;

Horrible, craint le jour, et brave sa clarté ;

Cache un lâche poignard, montre un glaive effronté ;

Offrant tantôt de l'or, tantôt le diadême ;

Achète l'assassin, séduit le héros même ;

Mais tout près le Remords s'agite jour et nuit ;

Le tardif Châtiment en silence le suit.

À l'aspect de Bayard sa colère s'enflamme :

«Quoi! dans les champs de Mars prodiguant sa grande ame,

Ce loyal chevalier rejette mes faveurs !

Eh bien ! il périra percé de traits vengeurs. »

La Trahison, dans l'ombre, au même instant balance

Le fer empoisonné d'une perfide lance.

O crime ! le trait part ; et le fer, en sifflant,

Vole, frappe Bayard, et déchire son flanc.

Il tombe : autour de lui ses armes retentissent,

La terre en tremble au loin, et les échos frémissent.

Tel, bravant et la foudre et les fiers aquilons,

Un chêne audacieux, antique roi des monts,

Sous la hache insolente, attaquant sa racine,

Tombe, et roule à grand bruit une immense ruine.

Soudain des fiers guerriers expire la fureur ;

Bayard ne combat plus, l'Espagnol est vainqueur.

Par-tout meurent les cris que poussait la vengeance,

Et dans la plaine au loin règne un vaste silence.

Mais bientôt on accourt, on relève Bayard :

Le héros vers le ciel porte un dernier regard ;

Sa défaillante main prend sa fidèle épée,

Du sang des ennemis tout entière trempée :

C'est pour lui de la Croix le signe rédempteur,

C'est elle qu'il invoque et presse sur son cœur.

O foi sainte ! ô valeur ! ô sublime alliance !

Héros dans les périls, héros dans la souffrance,

Bayard reçoit alors, triomphant, glorieux,

Le laurier des combats et la palme des cieux.

À cet aspect, Bourbon verse une larme amère.

Le héros, soulevant sa mourante paupière :

« Prince, lui disait-il, ne pleurez pas sur moi ;

Je meurs, mais j'ai donné tout mon sang à mon roi.

Pleurez plutôt sur vous, qui frappez la patrie ;

Vous, qui trompez le cours de la plus belle vie.

Au nom de vos aïeux, fils de tant de héros,

Brisez ce fer coupable.... » Il expire à ces mots,

Et son dernier soupir, à ses princes fidèle,

Cherche à leur conquérir les remords d'un rebelle.

Quel spectacle touchant ! Bourbon, l'œil abattu,

Abaisse la valeur aux pieds de la vertu ;

Les Français désarmés accourent dans ces plaines,

Et tous pour voir Bayard offrent leurs mains aux chaînes.

En proie au désespoir, les yeux de pleurs noyés,

Dans un pieux silence ils tombent à ses pieds,

Redemandent au Ciel et leur chef et leur père.

Tout-à-coup, exaltant sa vaillance guerrière,

« Je l'ai vu, disait l'un, sur son fougueux coursier

Combattre et renverser un escadron entier. »

Un autre s'écriait : « Sa valeur enflammée

Défendit, seule, un pont contre toute une armée.

Mais combien ses vertus surpassaient sa valeur !

O plus grande victoire ! il sut vaincre son cœur :

Lorsqu'aux flammes Nemours livrait Bresse sanglante,

Sur l'asile insulté de la pudeur tremblante

Bayard inscrit son nom, et ce nom révéré

Change une humble demeure en un temple sacré. »

Ainsi tous, proclamant ses vertus éclatantes,

Mélaient à leur récit des larmes abondantes.

O Bayard ! ô héros ! pur sang des chevaliers !
Remplis de tes vertus le sein de nos guerriers ;
Fais pour jamais chérir à leur ame attendrie
Le courage, l'honneur, le prince, et la patrie ;
Toi, dont le nom fameux des temps sera vainqueur,
Tant qu'un grand souvenir fera battre un grand cœur.

POEME ÉLÉGIAQUE VI.

GOFFIN,

ou

LES MINES DE BEAUJONC.

———

Près de ces bords riants où les flots de la Meuse
Arrosent lentement cette ville fameuse
Qui, dans des jours heureux, riche et libre à-la-fois,
Superbe, se créait son sénat et ses lois ;
Sous d'immenses coteaux inclinés vers la plaine,
Un peuple, prolongeant sa ville souterraine,

11.

À ses noirs flancs arrache un bitume fumant,
De l'éternelle flamme éternel aliment.
Là, d'une longue tâche implorant le salaire,
Enseveli, vivant, dans le sein de la terre,
Rebelle à la fatigue, il creuse, il creuse encor,
Ravit au gouffre avare un indigent trésor;
Heureux si quelquefois sous la voûte éthérée
Il embrasse et secourt sa famille adorée!

Enfants du sombre abyme, ah! quittez vos travaux;
Fuyez!.... Un fleuve au loin roulant de vastes eaux,
Précipite sur vous ses vagues menaçantes,
Et ravage, en tonnant, vos voûtes mugissantes.
Mais en vain, à grands pas, près de l'étroit séjour
Qui promet de les rendre à la clarté du jour,
Tous s'élancent.... En vain le panier secourable
S'abaisse et les réclame : ô destin déplorable!
À peine quelques uns à leurs fils sont rendus;
D'autres, pâles, tremblants, sur l'antre suspendus,
Retombent.... Malheureux! l'impitoyable abyme,

Avide, ressaisit sa mourante victime.

Quel modeste héros les dispute au trépas?

Goffin ! il pourrait fuir, mais il ne le veut pas ;

Son cœur est déchiré, son front paraît tranquille ;

Il s'écrie : « Accourez, Goffin est votre asile ;

Goffin veut de ces lieux fuir le dernier de tous ;

Il veut tous vous sauver, ou périr avec vous. »

Ses généreux accents et sa noble assurance

Dans les cœurs consternés rappellent l'espérance.

On l'écoute, on s'assemble, on s'empresse, on le suit ;

On sonde sur ses pas la formidable nuit....

Il semble de ces lieux le bienfaisant génie

Qui du fond des tombeaux les rappelle à la vie ;

L'antre en a tressailli, le fleuve impétueux

Arrête devant lui ses flots respectueux.

Mais quel terrible obstacle exerce leur courage !

Une immense barrière interdit le passage ;

De tout son poids la terre a pesé sur leurs fronts ;

Privés de tout secours, entassés sous ces monts,

Leur unique aliment est la vapeur brûlante ;

Leur unique boisson, une onde malfaisante ;

Et leur dernier flambeau, jetant un jour douteux,

Tremble, fume, pâlit, va mourir avec eux....

Mais, non ; Goffin leur reste en ce péril extrême :

Un grand cœur sait combattre et vaincre la mort même.

Alors qu'à son exemple, indocile au repos,

Sa troupe veut percer le flanc de ces cachots,

Des femmes, des enfants, déplorables victimes,

Errent autour du gouffre, en sondent les abymes :

O plaintes ! ô douleurs ! ô sanglots superflus !

Nulle voix à leur voix, hélas ! ne répond plus.

Peuple, accourez ouvrir ce champ des funérailles ;

D'une terre homicide arrachez les entrailles ;

Et, d'abyme en abyme, osez, dans vos efforts,

Conquérir des vivants sur l'empire des morts.

Tous s'empressent : ici, la pompe haletante

Péniblement au gouffre enlève une eau grondante

Qui, dans les airs vomie, en ses bonds furieux,

S'étonne de rouler sous la voûte des cieux.

Là, dompté par le fer, le roc crie et se brise ;

Le salpêtre l'attaque, en éclats le divise,

Et déja le mineur.du fond de longs caveaux

Croit entendre un bruit sourd appelant ses travaux.

De son côté, Goffin suit sa route inconnue,

Et lentement alonge une étroite avenue ;

Le pic, qui sur le roc rend un plus grave son,

S'enfonce, et l'avertit qu'il ouvre sa prison.

Comme en leurs tristes yeux la joie éclate et brille !

Chacun d'eux en espoir embrasse sa famille ;

La fatigue a cessé : les bras, creusant toujours,

Du labyrinthe obscur poursuivent les détours,

Attaquent les flancs nus d'un rocher qui succombe,

Frappent, frappent encor, et la barrière tombe....

O désespoir ! l'œil plonge en d'affreux soupiraux :

Malheureux ! ils n'ont fait qu'agrandir leurs tombeaux !

Un vent contagieux sort de cet antre humide,

Les abat, les poursuit de son souffle homicide,
D'un choc épouvantable ébranle tous les airs :
Tel qu'un foudre brisant la porte des enfers.
L'intrépide Goffin, debout, ferme, immobile,
Seul, l'attend, lui résiste, et, de son bras docile
Repoussant la barrière avec un long effort,
Dans l'éternelle nuit a replongé la mort.

Mais aux pieds de Goffin, le front contre la terre,
Implorant du trépas l'asile salutaire,
Les mineurs consternés, sourds au commandement,
Rejettent du travail l'inutile instrument.
Leur chef épuise en vain sa stoïque éloquence ;
Tous ils ont répondu par un morne silence.
Cependant rien n'abat la vertu de Goffin ;
Seul, défiant l'abyme, il leur cherche un chemin ;
Son fils, qu'il veut sauver, rend sa force invincible.
O prodige ! ce fils leur montre un front paisible :
« Hommes moins forts, dit-il, que de faibles enfants,
Mon père l'a promis, nous serons triomphants ;

Obéissez, ouvrons un glorieux passage,

Et, dans un grand danger, montrons un grand courage. »

À la voix d'un enfant, à ses accents vainqueurs,

Une force héroïque a pénétré les cœurs ;

On se relève : tous au travail s'enhardissent,

Et de nouveaux chemins sous leurs bras s'agrandissent.

Inutiles efforts ! dernier espoir trompé !

De leurs sanglantes mains le fer s'est échappé.

Tout combat leur courage en cet horrible empire :

Même, en respirant l'air, c'est la mort qu'on respire ;

Même, en se prosternant sur le roc assassin,

Le roc brûlant embrase et déchire leur sein ;

Et la seule clarté, dont les lueurs funèbres,

Entr'ouvraient en tremblant le voile des ténèbres,

Meurt !.... Ciel ! pour tant de maux est-il assez de pleurs !

L'épaisse nuit accroît leurs sinistres terreurs.

L'un, dans son désespoir, de ses mains frénétiques

Frappe encore au hasard ces ténébreux portiques ;

L'autre, sans mouvement, couvert d'affreux lambeaux,

Semble un pâle fantôme assis sur des tombeaux.

Plusieurs brûlent de soif, et leurs lèvres arides

Boivent le sang impur de cadavres livides....

Dans son délire, hélas ! l'un appelle à grands cris

Le jour et ses foyers, et sa femme et ses fils ;

L'autre accuse Goffin, l'outrage, l'abandonne :

Goffin lui tend les bras, le plaint, et lui pardonne.

En ce suprême instant, pontife, père, époux,

Il bénit des enfants tombés à ses genoux ;

Écoute les erreurs que la foi lui confesse ;

Presse contre son cœur les fils de sa tendresse ;

Ce cœur désespéré, revolant vers le jour :

« Mes six enfants, dit-il, objet sacré d'amour,

Vous irez donc, ô vous ! ma plus chère espérance,

L'œil en pleurs, mendier le pain de l'indigence ! »

Il appelle la mort, et l'écho de ce bord,

De caverne en caverne, a répété : *la mort.*

Non, tu ne mourras pas ! un bruit lointain s'avance :

Entends-le traverser l'abyme du silence ;

Vois à pas lents creuser, et s'enfoncer toujours

La sonde voyageuse apportant ses secours.

L'impatient mineur la suit avec audace,

Brave du dernier roc la dernière menace,

Le rompt.... L'air, s'agitant avec un bruit joyeux,

De leur triomphe étonne et l'enfer et les cieux.

Savants ingénieurs, magistrats magnanimes,

Comptez ces malheureux dérobés aux abymes ;

Que de vos cœurs émus chaque doux battement

Vous donne un noble prix d'un noble dévoûment.

Mais ne prodiguez pas les secours qu'on envoie :

L'homme, hélas ! périt moins de douleur que de joie !

Que leur œil, par degrés, essaye un nouveau jour,

S'abaisse lentement sur tant d'objets d'amour :

C'est un fidèle ami, c'est une tendre mère,

C'est un fils tout baigné des larmes de son père.

Plusieurs, pâles, tremblants, égarés, éperdus,

Sur le gouffre les yeux et le cœur suspendus,

Cherchent en vain.... et, seuls, à l'écart ils demeurent,

Et, sur la pierre assis, baissent le front, et pleurent.

Goffin, toujours plongé dans ce vivant tombeau,

Comme un tendre pasteur compte son cher troupeau,

Rassemble ses amis, les soutient, les ranime,

Et, le dernier de tous, calme, il sort de l'abyme.

À travers sa fatigue et sa noble sueur

Dans tous ses traits éclate une mâle grandeur.

Il emporte son fils, ô touchante victoire !

Son fils, premier laurier de sa paisible gloire.

Tandis que tout un peuple, exaltant son bonheur,

Le voit déja paré d'un immortel honneur,

Du Pinde voit déja l'auguste aréopage

Offrir à ses vertus un vertueux hommage,

Modeste, il se dérobe aux regards curieux,

Et, trois fois prosternant son front religieux,

S'humilie, et rend grace à ce Dieu de clémence,

Qui daigna le choisir pour sauver l'innocence.

LES AMOURS

D'HÉRO ET LÉANDRE,

POEME ÉLÉGIAQUE

TRADUIT DE MUSÉE LE GRAMMAIRIEN.

LES AMOURS
D'HÉRO ET LÉANDRE.

~~~~~~~~~~~~~~~~~~~~~~~~~~~~~~~~~~~~

Muse, redis ces feux confidents de l'Amour,
Cet époux bravant l'onde à la fuite du jour,
Et ces plaisirs cachés à l'immortelle Aurore,
Et Sestos, Abydos, si célèbres encore.

Je vois nager Léandre et briller ce flambeau
Qui, du fils de Vénus interprète nouveau,
Et muet messager d'une flamme secrète,
Prolonge sur les flots sa lumière discrète.
Toi, que soumet l'Amour qui soumet tous les Dieux,
Jupiter, tu devais placer au front des cieux,
~~~~~~~~~~~~~~~~~~~~~~~~~~~~~~~~~~~~

Et nommer ce flambeau l'étoile de Cyprine,

Lui, dont le ministère et la faveur divine

De deux jeunes amants protégeaient les ardeurs,

Avant que l'aquilon n'eût soufflé ses fureurs.

Accours à mes accents, Muse, daigne m'apprendre

Le destin de cet astre et la mort de Léandre.

Sur des bords opposés, toujours battus des flots,

S'élèvent dans les airs Abydos et Sestos.

Là, courbant sous ses doigts l'arc à la voix sonore,

L'Amour perce d'un trait deux cœurs vierges encore :

Jeune Héro, toi, Léandre, ô mortels pleins d'appas !

Tous deux astres brillants des paternels climats,

C'est vous que de sa main la prodigue Nature

Des plus rares trésors enrichit sans mesure.

Amants, tendres amants, d'un œil religieux

Parcourez en silence et contemplez ces lieux :

Là, l'épouse allumait cet astre tutélaire

Rassurant d'un époux la course solitaire ;

Là, sensible au trépas de deux jeunes amants,

Le flot les plaint encore en longs gémissements.

Ah ! versez quelques pleurs sur ces funestes rives

Où Vénus prodigua ses douceurs fugitives.

Mais en quels lieux Léandre, enflammé par l'Amour,

A-t-il pu voir Héro, la séduire à son tour ?

Consacrée à Vénus, jeune vierge prêtresse,

Héro par ses appas éclipsait la Déesse.

Une tour dont le front s'alongeait dans les cieux,

Magnifique palais de ses nobles aïeux,

Dérobait aux Amours, à leurs perfides armes,

Sa timide pudeur, sa jeunesse, et ses charmes.

Elle fuyait ces jeux, ces galants rendez-vous,

Ce cercle de la danse où, d'un regard jaloux,

La beauté voit toujours même une beauté sage

Qui, sans le desirer, attire notre hommage.

Loin de tous les regards, à l'ombre des autels,

La prêtresse, fuyant l'approche des mortels,

Offrait ses chastes vœux à l'Amour, à sa mère,

Tant son cœur innocent redoutait leur colère :

Vœux que l'Amour, hélas ! ne couronne jamais.

Quel cœur peut éviter d'inévitables traits?

Déja Sestos ouvrait cette pompe sacrée

Au trépas d'Adonis, à Vénus, consacrée ;

Déja les habitants des bords les plus lointains

Accourent contempler ces mystères divins.

De Chypre et d'Æmonie ils quittent les rivages ;

Cythère en deuil voyait déserter ses bocages ;

Le Liban n'entend plus les pas des chœurs errants

Dont la joie égayait ses sommets odorants :

Tous volent vers ces lieux, tous quittent la patrie,

Et la riche Sestos, et la molle Phrygie ;

La jeunesse sur-tout marche au temple des Dieux :

La jeunesse chérit ces jours religieux,

Moins pour se recueillir à la pompe des fêtes

Que pour voir mille appas tenter mille conquêtes.

Au sein du temple Héro marche avec majesté ;

La pudeur adoucit l'éclat de sa beauté :

Telle Phébé s'avance, et, timide courrière,

Sous un voile d'argent adoucit sa lumière.

Une chaste rougeur colore son beau teint;

C'est la rose qui s'ouvre au baiser du matin :

Mais on peindra les lis et la pourpre de Flore,

Sans peindre l'incarnat dont Héro se colore.

Vénus, ne vante plus tes orgueilleux appas :

Si trois Graces sans cesse accompagnent tes pas,

Chaque souris d'Héro fait éclore une Grace;

Une Grace toujours a révélé sa trace :

À de plus belles mains jamais les immortels

N'ont confié le soin d'encenser leurs autels.

De mille amants secrets elle reçoit l'hommage;

Tous, oubliant Vénus, adorent son image.

Héro parcourt le temple, et sur ses pas vainqueurs

Entraîne les regards, les esprits, et les cœurs :

Tous voudraient dans son sein lancer un trait de flamme;

Therpsis laisse éclater les transports de son ame.

« J'ai vu la fière Sparte, amante des combats,

Où le sexe en luttant trahit tous ses appas ;

Mais, dans les murs de Sparte, ah ! rien, non, rien n'égale

Sa beauté, son souris, sa candeur virginale :

Une Grace préside au temple des Amours,

Et mon œil enivré voudrait la voir toujours.

Oh ! puissé-je obtenir le prix de ma tendresse !

Puissé-je entre ses bras mourir de mon ivresse !

Grands Dieux ! je ne veux point régner dans vos palais ;

Un seul jour laissez-moi régner sur tant d'attraits :

Mais, Vénus, si jamais ton nœud ne nous rassemble,

Qu'à ta prétresse au moins mon épouse ressemble. »

Il exhalait ainsi ses amoureux desirs ;

Ses rivaux dans leur cœur renfermaient leurs soupirs.

Toi, plus à plaindre encore, infortuné Léandre,

En vain contre l'Amour tu voudrais te défendre ;

Un seul moment, hélas ! t'a vaincu pour toujours :

Tu veux la conquérir, même au prix de tes jours ;

Et ton œil, s'attachant aux attraits qu'il admire,

Enfonce plus avant le trait qui te déchire.

Non, la flèche n'a point la prompte agilité

Du trait ailé parti des yeux de la beauté :

Comme la foudre ardente, il vole, atteint, enflamme,

Frappe d'abord la vue, et se plonge dans l'ame.

L'étonnement, l'espoir, la crainte, la pudeur,

Agitent tour-à-tour et combattent son cœur.

Léandre est immobile ; il regarde, il soupire :

Enfin l'Amour l'emporte, et la pudeur expire.

Armé de plus d'audace, et, d'un pas moins tremblant,

Il s'approche d'Héro, lance un regard brûlant,

Interprète secret de ses vives alarmes.

Héro d'abord sourit au pouvoir de ses charmes,

Soulève sur son front le lin religieux,

Laisse boire à longs traits le poison de ses yeux ;

Et son tendre embarras, ses regards, la trahirent :

Ainsi, sans dire un mot, ces amants s'entendirent,

Et Léandre déjà goûte en son cœur charmé

Le suprême bonheur d'aimer et d'être aimé.

Il soupire après l'heure agréable au mystère,

Cette heure où le soleil, n'éclairant plus la terre,

Dans l'Océan se plonge, et d'Hesper, qui le suit,

Permet que la clarté règne aux champs de la nuit.

Les Ténèbres enfin ont déployé leurs ailes :

Plein d'ardeur, et guidé par les Amours fidèles,

Il est près de la vierge; il lui presse la main,

Et laisse un long soupir s'exhaler de son sein.

L'amante à ces transports semble ne pas s'attendre;

Sa main tremblante échappe à la main de Léandre,

Et sur lui son œil lance un regard courroucé :

Mais, saisissant les plis d'un voile nuancé,

Avec force et douceur, d'une main téméraire

Il l'entraine, captive, au fond du sanctuaire.

Héro, d'un pas tremblant, le suit comme à regret,

Et menace en ces mots son amour indiscret :

« Malheureux étranger, quel est donc ton délire?

Ah! fuis, et porte ailleurs l'audace qui t'inspire;

De mes riches parents évite le courroux,

Et redoute Vénus, qui s'arme contre nous.
Pour moi ne peut briller la flamme nuptiale;
Fuis, crains de profaner ma couche virginale. »

Léandre, sois heureux! tu peux tout hasarder;
La beauté qui menace est bien près de céder.
Tu le sais, et déja tes lèvres enflammées
Effleurent d'un baiser ses lèvres parfumées.

« Oui, c'est Vénus, dis-tu, c'est la reine des Cieux;
C'est le sang le plus pur du souverain des Dieux.
Vierge céleste, heureux l'auteur de ta naissance!
Heureux trois fois le sein qui nourrit ton enfance!
Mais, au nom des parents qui t'ont donné le jour,
Prêtresse de Vénus, sacrifie à l'Amour;
Viens au pied des autels chérir sa loi divine :
Une vierge, crois-moi, ne peut servir Cyprine;
Sa haine aime à punir la froide chasteté;
Et la couche d'Hymen, les Ris, la Volupté,
Voilà par quels témoins ton cœur saura lui plaire.

                                13

Viens donc ; et, des Amours si tu chéris la mère,

Son fils à tes faveurs n'aura-t-il pas des droits ?

Reçois le suppliant qu'il enchaîne à tes lois ;

Ou plutôt, si tu veux, reçois l'époux fidèle

Qu'il t'amène, percé d'une flèche mortelle,

Comme Mercure, armé de son sceptre vainqueur,

D'Alcide aux pieds d'Omphale abaissa le grand cœur.

Pour moi, j'ai de Vénus la volonté puissante ;

Tu sais qu'elle dompta la superbe Atalante,

Qui de Milanion dédaignait la beauté :

Vénus brisant enfin une injuste fierté,

Atalante sentit son ame consumée

Brûler de cette ardeur qu'elle avait allumée.

Rends-toi donc, chère amante ; ah ! ne résiste plus,

Ou tremble d'éveiller le courroux de Vénus. »

O quelle femme écoute avec indifférence

La voix que passionne une tendre éloquence !

Héro baisse les yeux ; la naïve pudeur

Colore son beau front d'une aimable rougeur :

Interdite, sans voix, de sa riche parure
Voilant tous les trésors dont l'orna la nature,
Tremblante, elle gardait un silence charmant,
Aveu le plus certain du bonheur d'un amant.

Héro, sans le vouloir, a partagé sa flamme ;
Un trait amer et doux se glisse dans son ame.
Tandis que vers la terre elle baisse les yeux,
Son amant la parcourt d'un regard curieux,
Et ne se lasse point d'admirer tant de charmes ;
La vierge, rougissant, lui dit, les yeux en larmes :

« Trop séduisant mortel, qui m'oses approcher,
Ta voix amollirait le plus âpre rocher :
Dis, quel Dieu t'enseigna la trompeuse éloquence ?
Quel sort doux et cruel t'amène en ma présence ?
Mais tes discours touchants m'attendriraient en vain ;
Un étranger, sans titre, aspirer à ma main !
Ah ! tremble de former ce nœud illégitime ;
Le courroux de mon père accablerait ton crime.

Si Vénus en secret te nommait mon époux,

Comment tromper, hélas! tant de regards jaloux?

La langue des mortels, exercée à médire,

Des larcins de l'Amour ardente à vous instruire,

Accroît encor l'erreur qu'elle révèle au jour.

Mais, dis, quel est ton nom, tes parents, ton séjour?

Moi, je m'appelle Héro; ma famille est connue :

Cette tour qui des flots s'élance dans la nue

Est la triste demeure où, loin de mes parents,

Seule, au sein des regrets, se perdent mes beaux ans;

Et je ne vois, hélas! que les liquides plages,

Et les murs de Sestos, et de tristes rivages.

Pour toujours arrachée à d'innocents plaisirs,

Dans mon cœur étouffant jusqu'aux moindres desirs,

Je n'entends, jour et nuit, que cette mer profonde

Où siffle l'aquilon, où le flot s'enfle et gronde. »

De son voile, à ces mots, elle couvre ses yeux,

Rougit encore, et craint d'avoir trahi ses feux.

Poursuivi par le trait qui toujours le dévore,

Léandre veut dompter la vierge qu'il adore.

Si l'Amour aux mortels aime à donner des fers,

Il leur prête, du moins, son langage pervers ;

Ce superbe tyran, vainqueur de la nature,

Qui s'amuse à blesser, à guérir sa blessure,

Au malheureux Léandre implorant son secours

Inspire son audace, et prête ce discours :

« Ah ! je verrais en vain s'avancer la tempête,

Et la foudre en éclats se briser sur ma tête :

Jeune vierge, pour toi j'affronterais les mers ;

Pour toi je lutterais, dans leurs vastes déserts,

Contre une onde en fureur et de feux bouillonnante.

Non, non, pour arriver au lit de mon amante,

Je ne craindrai jamais ni les flots écumants,

Ni des vents courroucés les longs rugissements.

Abydos m'a vu naître à ce prochain rivage ;

Mais dans le sein des nuits mon bras peut, à la nage,

Dompter de l'Hellespont le rapide courant.

Qu'en tes mains un flambeau, mon fidèle garant,

De la profonde nuit ouvrant le sombre voile,

Au vaisseau de l'Amour serve d'heureuse étoile;

Et mon œil, oubliant tous ces feux radieux

Dont la splendeur éclate à la voûte des cieux,

Fixera le seul astre, ami de ma tendresse,

Qui me conduit au port où règne ma maîtresse.

Mais crains un vent fougueux, fatal à notre amour:

S'il m'enlève mon guide, il m'enlève le jour.

Tu veux savoir mon nom; on m'appelle Léandre,

Et l'Amour à ton cœur me permet de prétendre. »

Ainsi fut résolu cet hymen courageux

Que l'astre de Vénus servira de ses feux.

L'un doit le présenter au sein des nuits profondes;

L'autre s'élancera sur l'abyme des ondes:

Un baiser est le sceau de ce secret traité,

Que la Déesse, hélas! voit d'un œil irrité.

Héro quitte ces lieux; son amant, à la nage,

De l'antique Abydos regagnant le rivage,

Observe les abords de cette heureuse tour

Qui doivent le conduire au port de son amour.

Oh ! comme leurs desirs, leur ardente prière,

Conjurent le soleil d'achever sa carrière !

La nuit se couvre enfin de ses voiles charmants ;

Tout s'endort dans le monde, excepté deux amants.

Seul et silencieux au bord bruyant de l'onde,

Immobile, attendant l'astre qui le seconde,

Léandre cherche au loin le dangereux fanal,

Des larcins de l'Amour trop funeste signal.

Héro le montre enfin : le rayon de lumière

Part, étincelle, arrive au bout de la carrière ;

Et ses feux de Léandre ont redoublé l'ardeur.

Mais du gouffre des mers la sombre profondeur

A fait pâlir son front, reculer son audace ;

Cependant, de Neptune affrontant la menace :

« L'Amour est indomptable, et la mer en fureur ;

Mais craignons moins les eaux que les feux de mon cœur :

Oui, mon cœur, ne crains rien ; brave l'onde rebelle,

Et vogue avec l'espoir où le plaisir t'appelle.

« Léandre, souviens-toi que, née au sein des flots,

Vénus peut les dompter, et calmera tes maux. »

Il dit, dépouille alors sa brillante parure,

Autour d'un cou d'albâtre en forme une ceinture,

Et, d'un rapide essor voguant vers le flambeau,

Lui-même est le rameur, la voile, et le vaisseau.

Si des vents la prétresse a vu la froide haleine

Courber et menacer sa lumière incertaine,

L'ivoire de ses mains d'un voile transparent

La couvre, et tout-à-coup la découvre en tremblant.

Mais Léandre des flots enchaîne enfin la rage,

De fatigue accablé, touche l'heureux rivage :

En silence, la vierge aux portes de la tour

L'accueille, et, couronnant du baiser de l'amour

L'époux dont le courage a conquis sa maîtresse,

De son cœur presse un cœur qui tressaille d'ivresse ;

Vers la couche d'Hymen tous deux guident leurs pas.

O soins touchants et doux ! de ses doigts délicats

Elle essuie un beau sein que l'eau des mers arrose,

S'empresse à le couvrir du parfum de la rose,

Et, laissant sa pudeur mourir avec le jour,

Tremblante encor, se livre aux desirs de l'Amour.

« Oui, c'est assez souffrir ; oui, c'est assez d'obstacles.

Quoi ! pour moi ton amour, si fécond en miracles,

Brave les vents, la nuit, et les flots écumants !

Ah ! viens te reposer dans mes embrassements. »

L'époux s'empare alors de sa craintive proie,

Qui jette un dernier cri de douleur et de joie.

Illégitime amour ! sans pompe, sans apprêts,

Les chants ne vantent point vos triomphes secrets ;

Et la danse légère et les feux d'hyménée

N'ouvrent point aux époux la couche fortunée.

Ils n'ont point recueilli sur leurs cœurs triomphants

Les pleurs dont une mère embellit ses enfants.

Le Mystère, en silence, à l'Hymen les présente ;

De son voile la nuit orne seule l'amante ;

Et jamais Apollon, montrant son front au jour,

Ne surprit ces époux dans les bras de l'Amour.

S'éloignant à regret d'une épouse chérie,

Léandre regagnait les murs de sa patrie;

Héro cachait un cœur que Vénus a séduit,

Chaste vierge le jour, tendre épouse la nuit;

Et de tous deux, souvent, la fidèle prière

Implorait de Phébé l'amoureuse lumière.

Enivrés, ils goûtaient les plaisirs de l'amour,

Sûrs de les dérober à la clarté du jour.

O plaisirs fugitifs! ô bonheur trop rapide!

Pourquoi dépendez-vous d'un élément perfide?

Déja le triste hiver ramène sur ses pas

Les autans, la tempête, et les sombres frimas;

Déja les aquilons combattent avec l'onde,

L'arrachent en fureur de sa prison profonde :

Elle écume, bondit; et le flot menaçant

Bat la rive tremblante, et roule en mugissant.

Le prudent nautonier quitte l'humide empire,

Et cache au fond du port son timide navire.

Toi, Léandre, toujours amant plus courageux,

Tu ne crains pas le bruit de ces flots orageux ;

Et, tournant tes regards vers ton funeste guide,

Tu cherches le rivage où ta nymphe préside.

Mais pourquoi donc, pourquoi, trop malheureuse Héro,

Faire briller encor l'homicide flambeau ?

Ah ! vois-tu ton époux marcher sur la tempête,

Et ce foudre irrité prêt à frapper sa tête ?

Tremble : ta main, hélas ! tient, complice du sort,

Non le flambeau d'Hymen, mais l'astre de la Mort.

Il était nuit : alors les vagues confondues,

Sur les ailes des Vents dans les airs suspendues,

Retombent dans le gouffre ébranlé sous leur poids.

Leur menace est terrible : indocile à sa voix,

Léandre, impatient de revoir son amante,

S'élance, repoussé par l'affreuse tourmente.

Éole est en fureur ; tous ses fougueux enfants

De leur triple prison s'échappent triomphants ;

Et les vagues, en proie à leur rage indomptable,

Retentissent au loin d'un bruit épouvantable.

Assailli par les flots., ne leur résistant plus,

Léandre invoque Éole, et Neptune, et Vénus :

Vœux impuissants ; hélas ! l'Amour, l'Amour barbare

Se plaît à le plonger au gouffre du Ténare.

Tantôt il est lancé sur la cime des flots,

Tantôt il roule au fond de l'abyme des eaux ;

Et ses pieds sont privés de leurs ressorts utiles,

Et ses bras étendus demeurent immobiles.

Il faut enfin céder : les vagues de la mer

Ont inondé son sein de leur poison amer ;

Et l'aquilon, soufflant son étoile ennemie,

Du même souffle éteint son amour et sa vie.

L'amante, l'œil ouvert, sur les flots égaré,

Des plus cruels soupçons tout le cœur dévoré,

Immobile, attendant le retour de l'aurore,

D'un vain espoir cherchait à se flatter encore.

Mais quel spectacle affreux! Ciel! au pied de la tour
Elle voit étendu l'objet de son amour.
C'est lui-même! grands Dieux! sa dépouille flottante
Est le triste jouet de la vague inconstante.
À cet horrible aspect elle tombe, et soudain
Arrache sa parure, ensanglante son sein,
Morne, pâle, mourante, un moment se ranime,
Pousse un grand cri, s'élance, et tombe dans l'abyme.
Sur le sein de Léandre elle vient expirer,
Et même le trépas n'a pu les séparer.

—

ÉPILOGUE.

LE SONGE.

Battu de l'aquilon, fatigué du voyage,
Au bruit des flots encor grondant sur le rivage,
Je m'endormis. Soudain le plus jeune des Dieux,
    Sans flèches, sans carquois, s'avance :
Devant moi, quelque temps, il s'arrête en silence,
Me regarde d'un air attendri, curieux ;
Je crus même entrevoir une larme en ses yeux.
« Ne crains plus, m'a-t-il dit, amant de l'Élégie ;
Ta poupe couronnée arrive enfin au port :
Ta constance désarme et l'Envie et le Sort.
Pour toi j'ai fait des vœux à la Déesse Hyie :
Retrouve ta santé, retrouve un tendre accord ;

Voyage, plus heureux, dans les bosquets de Gnide ;

Tu le peux, et ton front n'a pas encor de ride.

Crains-tu les coups nouveaux du Sort capricieux ?

Je veux te donner une égide ;

C'est un mortel chéri de la terre et des cieux :

La Grace et la Vertu composent sa famille ;

Du génie en ses yeux la flamme éclate et brille.

Noble soutien des nobles lis,

Du vaisseau de l'état dirigeant la fortune,

C'est Nestor au conseil, Solon à la tribune :

L'autre jour, une Muse, avec un doux souris,

M'a dit même, en secret, qu'elle est toujours docile

À ses chants mâles et hardis ;

Qu'il peut être à-la-fois et Mécène et Virgile. »

À ces traits enchanteurs, à ce portrait brillant,

Tu crois qu'Amour encor me berçait d'un mensonge :

Non, non, ce n'était pas un songe,

Et mon cœur, au réveil, avait nommé Vaublanc.

FIN.

TABLE.

—

LIVRE TROISIÈME.

LIVRE QUATRIÈME.

POEMES ÉLÉGIAQUES.

FIN DE LA TABLE.